André Yango Madodo

Le Discipulat: Un Facteur de Croissance d'une Eglise Locale Dynamique

André Yango Madodo

Le Discipulat: Un Facteur de Croissance d'une Eglise Locale Dynamique

"Qui sème dans les larmes moissonnera avec des cris de joie! " (Ps 126:5-6)

Éditions Croix du Salut

Imprint
Any brand names and product names mentioned in this book are subject to trademark, brand or patent protection and are trademarks or registered trademarks of their respective holders. The use of brand names, product names, common names, trade names, product descriptions etc. even without a particular marking in this work is in no way to be construed to mean that such names may be regarded as unrestricted in respect of trademark and brand protection legislation and could thus be used by anyone.

Cover image: www.ingimage.com

Publisher:
Éditions Croix du Salut
is a trademark of
International Book Market Service Ltd., member of OmniScriptum Publishing Group
17 Meldrum Street, Beau Bassin 71504, Mauritius

Printed at: see last page
ISBN: 978-613-7-36955-5

FACULTE DE THEOLOGIE DES ASSEMBLEES DE DIEU

LE DISCIPOLAT AU SEIN DES EGLISES DE DIEU EN REPUBLIQUE DEMOCRATIQUE DU CONGO : UN FACTEUR POUR LA CROISSANCE D'UNE EGLISE LOCALE DYNAMIQUE

PAR

YANGO MADODO ANDRE

TABLE DES MATIERES

DEDICACE

Le temps est donc venu pour que ce travail de longue haleine soit dédié aux personnes concernées. C'est pour moi un grand privilège de vous citer afin de marquer votre importance, dont vous êtes le couronnement architectural de ce mémoire. Me référant au Seigneur Jésus-Christ, il me convient de le citer, comme l'annonce l'évangéliste Jean : « Mais l'heure vient, et elle est déjà là où les vrais adorateurs adorerons le Père en esprit et en vérité. En effet, car ce sont là les adorateurs que recherche le Père. Dieu est Esprit, et il faut que ceux qui l'adorent en esprit et en vérité. » (Jn 4.23-24), version Segond 21.

A tout seigneur tout honneur : je dédie ce travail de mémoire à tous les adorateurs du Seigneur Jésus-Christ qui vous prosternez devant son trône élevé de grâce et de miséricorde. A vous tous qui connaissez son grand nom et qui l'invoquez d'un cœur honnête et sincère, à vous tous disciples du Seigneur Jésus-Christ, qui aimez et hâtez son avènement, je fais de ce travail votre couronne. Je vous félicite d'avance, vous que je considère comme prémices des disciples de la nouvelle génération, pour avoir accepté ce travail de mémoire comme un chef d'œuvre qui pourra vous servir de référence. Que ce travail de mémoire vous aide à accomplir la volonté du Seigneur Jésus-Christ, le Maître et le précurseur de la moisson, exprimée dans Matthieu 28.18-20, comme l'ordre suprême. C'est ma prière pour chacun de vous au nom du Seigneur Jésus-Christ qui revient très bientôt, amen !

REMERCIEMENTS

Alors que nous sommes en train de terminer notre formation de Master in Art en missiologie, il est si noble, pour nous, de rendre des multiples actions au Seigneur de gloire, le Dieu Tout-Puissant, le Père de notre Seigneur et Sauveur Jésus-Christ, pour nous avoir rendu capable d'arriver à la fin de nos études. Notre Dieu est digne de recevoir l'honneur, la gloire, la puissance, la majesté et la magnificence d'âge en âge, lui qui éternellement béni, amen.
A tout seigneur tout honneur ! Nous voudrions remercier tous ceux qui nous ont encouragé et soutenu pendant nos études, qu'ils trouvent ici l'expression de notre déférente reconnaissance.

En particulier, nos remerciements s'adressent à tous les frères et sœurs des Eglises de Dieu en République Démocratique du Congo (E.D-RD Congo), vous qui avez choisi d'être les disciples du Seigneur Jésus-Christ. Nous vous sommes extrêmement reconnaissants pour votre détermination, afin que cette fin de mes études soit aujourd'hui possible. Soyez assurés que c'est pour le bien-être de l'Eglise que nous avons consenti tous ces sacrifices.
Que les membres du comité de gestion des E.D-RD Congo, ainsi que le conseil des Anciens du Centre Missionnaire « IL EST ECRIT » Mbandaka soient honorés par ce paragraphe de ma reconnaissance pour leur conseil, soutien et encouragement. Je vous rassure ma confiance et ma reconnaissance pour vos sacrifices à veiller sur le troupeau du Seigneur. Et par votre engagement collégial de la gestion des affaires de l'église, vous l'avez toujours conduite à la croissance.

A madame la présidente de la Faculté de Théologie des Assemblées de Dieu, Mary Balanger, vous qui représentez tout le staff de la Faculté pour son bon fonctionnement, veuillez recevoir l'expression de ma chaleureuse reconnaissance pour tous les sacrifices que vous avez consentis à notre formation. Vous n'avez pas semé sur une terre aride, vous récolterez le fruit de vos peines par notre fidélité et détermination. En toute particularité, je m'en vais considérer l'apport combien important du doyen académique, le révérend Flindja, qui a su exercer son savoir-faire pour que ce sujet soit admis et qu'il soit exploité comme un chef d'œuvre à la FATAD. Que mes honneurs distingués soient cernés à mon vaillant mentor, le révérend pasteur, le docteur Ayi Adadé, pour sa disponibilité d'avoir accepté le mentoring de ce mémoire dans un temps record.

Que le Représentant Légal de la Communauté des Assemblées de Dieu de la République Démocratique du Congo, le révérend KALAKI puisse trouver un vibrant honneur pour sa promptitude de nous avoir accordé sa confiance tout au long de nos études théologiques en Master. Cher papa, tu restes un père pour moi et je t'aime. Que le Seigneur Jésus-Christ t'accorde grâce et sagesse de continuer à soutenir son œuvre. Ma grande considération soit orientée au couple coordonnateur de la FATAD-Kinshasa, le révérend Marcel BOMBOKO BOEKE et madame, qu'il puisse trouver en ces lignes un puissant réconfort pour la vision et la persévérance qu'il a de l'œuvre du Seigneur. Je vous aime et apprécie votre fidèle dévouement ! Je ne peux clôturer ce paragraphe sans faire mention de la contribution morale et matérielle du révérend Gérard LILENGI, le vice-président du synode urbain/Equateur de l'Eglise du Christ au Congo, ECC en sigle. J'apprécie votre intérêt au sujet que j'ai traité. Combien vous n'avez cessé de vous déranger pour fouiller sans cesse votre bibliothèque afin de me satisfaire dans mes recherches. Vous vous êtes même dépouillé de votre temps et de certains de vos précieux livres en ma faveur comme un encouragement ayant enrichi ma bibliothèque. Que la prophétie de Hébreux 6.10 s'accomplisse en vous.

A tous mes compagnons des luttes, avec qui nous avons commencé notre formation de Master en 2012, je vous adresse mes remerciements les plus amicaux. Que la communauté congolaise de Lomé dirigée par Madame ZONGOLA Bécky reçoive une grande révérence pour son apport pas moins négligeable à la réussite de nos études à Lomé. Papa ZONGOLA, c'est toi qui mérite toute cette couronne, tu es digne d'honneur !

Je remercie en toute sincérité tous ceux de ma famille biologique, mes amis et connaissances qui m'ont apporté un quelconque réconfort. Je vous resterai reconnaissant. Et en particulier, je m'en vais dire un grand merci à mon épouse, madame YANGO, née Nicole Désirée Marie-Marthe LOBIA BASUA. A vous mes enfants Eve Angélique W. Akiîto, Théophile A. Kumukadà, Michelle Emanuel F. N'suleêh et Ben-Kabod W. Kumukada, tous YANGO, qui avez subi, à cause de ma vocation missionnaire, toutes sortes des privations, afin que ce travail soit couronné de succès, je prie le grand Dieu de combler chacun de vous de ses grâces et dons magnifiques. Je vous félicite mes chers vaillants compagnons missionnaires pour votre patience à supporter tous mes voyages et mes absences en tant qu'époux et pères. Que le Seigneur Jésus-Christ vous soit favorable dans votre pèlerinage sur la terre.

A titre posthume, mes pensées pieuses vont pertinemment vers mon pasteur Jacques André Vernaud, qui a été pour moi le modèle d'un missionnaire, combien je soupire le rencontrer dans la gloire auprès du Seigneur. A notre collègue le révérend Vanié, l'Ivoirien, qui nous a quittés brusquement juste à la fin de notre dernière session, que le Seigneur soit la consolation de tous ceux qui lui étaient chers.

A mon père Michel YANGO EPEE, qui a été un modèle d'intégrité ; à mes sœurs qui étaient des mères pour moi : Philomène YANGO YAMBOMBA YENGA, Ivonne Marie-Thècle YANGO ENIYA, madame KODRAVELE, née Marie-Thérèse YANGO YAMBOMBA ; à mes frères Willy YANGO KOPEA mon jumeau et, mon aîné le Professeur Jacques Hubert Marie d'Amphre EPEE GAMBWA qui m'avait donné le goût et qui m'a servi de modèle sur beaucoup de domaines, vous resterez graver dans mes souvenirs, à Dieu ! A mes oncles TANGANAGBA et MONDELE-MOKE qui représentent ceux qui nous ont chéris ; à mes belles sœurs madame CHUGA, née Virginie LOBIA et Marie KALIMA qui viennent de nous être enlevés, je garde jalousement les souvenirs de vos amitiés.

Ma reconnaissance s'adresse au couple KAZADI Jacky et Marie-Josée pour son attention particulière et sa sensibilité à l'œuvre du Seigneur. Il n'a jamais hésité à agir pour l'avancement de l'œuvre bon gré malgré. A madame Alice MUTAMBAYI pour toute sorte de soutien, que je te considère comme Lydie (Ac 16.14). A tous ceux qui m'ont été chers et qui nous ont quittés, dont les noms ne figurent pas dans ces quelques pages, vos souvenirs resterons toujours éloquent dans ma mémoire.

J'apprécie sincèrement la contribution du docteur Marthe Maleke Kondemo, pour ses encouragement et orientation des recherches. Que toute mon équipe technique trouve ma gratitude et ma reconnaissance pour leur expertise en Informatique, en l'occurrence : Richard de la FATAD-Lomé, Patrick Nyandu Mutombo, Béni Ngato, Gébron N'ku Matondo et Josué Lisiko-wa-Lisiko, sous la savante ingéniosité de Jean-Willy Gerengbo. Et enfin, je ne peux clôturer cette page sans dire ma reconnaissance à tous ceux qui penseraient être oubliés, je vous aime et vous remercie cordialement, tout en tenant compte de vos actions combien non négligeables. Aux uns et aux autres, je vous dis grand merci.

CHAPITRE I

INTRODUCTION

Problématique

Le Seigneur Jésus-Christ a dit : « Et moi, je te dis que tu es Pierre, et que sur cette pierre je bâtirai mon Eglise, et que les portes du séjour des morts ne prévaudront point contre elle. » (Mt 16.18) En plus renchérit-il, en commissionnant ses disciples, et en déclarant avec autorité, en toute assurance, Jésus, s'étant approché d'eux dit: « Tout pouvoir m'a été donné dans le ciel et sur la terre. Allez, faites de toutes les nations des disciples, les baptisant au nom du Père, du Fils et du Saint Esprit, et enseignez-leur à observer tout ce que je vous ai prescrit. Et voici, je suis avec vous tous les jours, jusqu'à la fin du monde. » (Mt 28.18-20)

Eu égard à ces vérités incontestables des paroles du Seigneur Jésus-Christ, les églises du 21ème siècle et particulièrement celles africaines d'aujourd'hui semblent s'éloigner de plus en plus de la ligne maîtresse tracée par le Maître lui-même. Il est donc très étonnant de constater que les églises locales, par leurs responsables, sont fières de remplir leurs enceintes ou temples, de renforcer leurs conforts, de s'évertuer aux constructions somptueuses et, de chercher à faire de toutes les nations, des membres de leurs églises, qui en réalité, n'ont peut-être pas ou rien du modèle du Maître-fondateur de l'Eglise, le Seigneur Jésus-Christ. C'est une grande inquiétude lorsque l'on veut aller en profondeur de la réflexion pour l'avenir de l'Eglise, corps de Christ, citée pour la toute première fois dans l'évangile, comme repris en exergue de cette page.

Le désir le plus ardent de la plupart de responsables des églises locales, aujourd'hui, est de se faire un nom qui vise l'hégémonie de la plus grande église dite méga église. Elle a des membres qui sont dans le confort pour ne satisfaire que la volonté humaine et, non celle du Maître-fondateur de l'Eglise, le Seigneur Jésus-Christ.

Ces responsables désirent organiser des cultes à chaque heure, ce qui n'est pas du tout mauvais, l'église étant un lieu de rassemblement et d'édification, avec une bonne chorale mêlée d'une musique qui accompagne les louanges et l'adoration à Dieu. C'est comme le psalmiste le chante : « Justes, réjouissez-vous en l'Eternel ! La louange sied aux hommes droits. Célébrez l'Eternel avec la harpe, célébrez-le sur le luth à dix cordes. Chantez-lui un cantique nouveau ! Faites retentir vos instruments et vos voix ! » (Ps 33.1-3)

Ne devrions-nous pas nous inquiéter de nous être écartés de la volonté du Maître-propriétaire de l'Eglise qui a tracé la ligne maîtresse de sa volonté selon Matthieu 28.18-20 ? Car il est bon, selon Dieu, que toutes les nations lui reviennent, et non nous reviennent, selon qu'il est écrit : « Quand le peuple est nombreux, c'est la gloire d'un roi ; quand le peuple manque, c'est la ruine du prince. » (Pr 14.28)

En plus, nos églises octroient le statut et des cartes des membres. Elles souhaitent avoir de plus en plus un grand nombre de membres et non des disciples, qui souvent sont cloisonnés, assis et oisifs. Ils s'accommodent dans le modernisme, s'embarquent dans la philosophie d'un mondialisme aveuglant, sans vouloir se conformer à la nouvelle culture que nous enseigne la Bible sur les pas du Seigneur Jésus-Christ. En échange, elles organisent des formations, des écoles de dimanche, des écoles bibliques ou théologiques, des formations des laïcs ou des femmes, en particulier les épouses des pasteurs ou des filles mères et j'en passe. Ces activités sont bien évidemment importantes pour le perfectionnement des saints en vue de l'œuvre du ministère et de l'édification du corps de Christ (Ep 4.12).

Qui pis est curieux et même étonnant, le fait de simuler ces groupes de formation aux écoles de formation des disciples, qui semblent ne pas être la réalité de Jésus-Christ, si nous nous en tenons aux résultats qui est la croissance dynamique de l'église, caractéristiquement morale, éthique, numérique, spirituelle et géographique. Et pourtant, ces résultats devront être strictement signés et scellés pour la transformation et les changements des vies des croyants, selon le modèle et la mesure de la stature parfaite de Christ.

C'est par cette affirmation, qui, au regard des Ecritures et, au pragmatisme de la vie des hommes de foi, qui furent des disciples, que nous fonderons notre réflexion pour essayer de relever le défi qui guette l'Eglise du Seigneur Jésus-Christ, sainte, catholique et apostolique. Ces disciples qui furent appelés péjorativement des « chrétiens » (Ac 11.26). En principe, la priorité serait de faire la volonté de Dieu et d'accomplir son œuvre que de vouloir satisfaire la nôtre. Jésus dit à ses disciples : « Ma nourriture est de faire la volonté de celui qui m'a envoyé, et d'accomplir son œuvre. » (Jn 4.34)

Jésus avait mis son comble à la formation des disciples, que de compter sur des foules, car ces dernières sont souvent fougueuses. Pour Juan Carlos Ortiz, certains membres des églises locales ne sont pas généralement soumis à leurs bergers, au contraire, ils veulent que les bergers leurs soient soumis. Se référant de son expérience : « Nous avons décidé de ne plus utiliser le mot "membre", parce que cela rappelait trop un club sans soumission. À sa place, nous avons décidé d'utiliser le mot "**disciple**". »[1] [*sic*]

Il est très regrettable que la plupart d'églises fixent des critères d'adhésion des membres, mais qui ne se basent pas souvent sur l'idéal du Seigneur Jésus-Christ de faire des disciples. Dans son pressant appel d'accomplir la volonté de Dieu, celle de la moisson, Jésus rappelle aux disciples leur propre proverbe pour en tirer une leçon instructive qui concerne la mission dans le monde : « Ne dites-vous pas qu'il y a encore quatre mois jusqu'à la moisson? Voici, je vous le dis, levez les yeux, et regardez les champs qui déjà blanchissent pour la moisson. » (Jn 4.35)

---

[1]Juan Carlos Ortiz, *Mosaïque. Une collection d'enseignements. "La formation de disciples"* (Bevaix, Suisse : Edition du Lien de Prière, 2004), 158.

Ainsi, le désir ardent de nous engager dans la mission, et celui de vouloir vivre l'accomplissement du commandement missionnaire de l'ordre suprême qui soit pour l'Eglise d'aujourd'hui un défi pour ce temps de la fin.

But du mémoire

Dans cette réflexion, ce mémoire visera le but ultime de la redynamisation des églises locales, soit pour les conduire à une croissance permanente et dynamique, soit pour les maintenir dans une dynamique de croissance sans équivoque, par le moyen d'un discipolat, avec une visée continue de la formation et de la transformation des membres en des disciples de Jésus-Christ. Ce but visé conduira nos églises dans une croissance équilibrée et façonnée selon l'idéal du Maître-fondateur de l'Eglise, le Seigneur Jésus-Christ. Ainsi, les églises étant dynamiques, revêtiront alors leurs natures missionnaires, afin d'accomplir l'ordre suprême, celui d'aller et de faire de toutes les nations des disciples, selon Matthieu 28.19.

Bill Kuert explique le modèle de Jésus comme maître-enseignant en se référant au système pédagogique juif :

> Nous avons relevé que Jésus est produit de ce système. Toutefois, comprendre Son arrière-plan scolaire n'est pas suffisant pour expliquer Son unicité, Son message, Ses qualifications, Ses buts et Ses modèles. Nous devons faire très attention au modèle qu'il a défini. Plus nous suivrons ce modèle fidèlement, plus l'église sera efficace dans sa tâche pédagogique.[2] [*sic*]

Jésus-Christ a ordonné à ses disciples ce qui a été son propre modèle, leur parlant de lui-même : « Comme le Père m'a envoyé, moi aussi je vous envoie. » (Jn 20.21b)

Cette référence fait montre que Jésus-Christ était le modèle parfait du disciple qui était formé dans la soumission, l'obéissance et la discipline. Son modèle est celui qui se réfère aux enseignements scripturaires dans tout son contenu. H. Blocher, cité par Michel Le Borgne, considère la Bible comme la source de toute éducation chrétienne : « "*La Bible par laquelle l'Eglise se laisse former, informer, réformer, transformer, car sa vérité est celle de l'Esprit,*

---

[2]Bill Kuert, *La mission pédagogique de l'église* (Irving, Texas, USA: ICI University Press, 1998), 44.

est la Bible pour l'Eglise de l'an 2000". »[3] [*sic*] L'épître aux Hébreux nous donne même l'exemple de l'obéissance de Christ, qu'il l'a apprise, quoiqu'étant Fils de Dieu : « a appris, bien qu'il fût Fils, l'obéissance par les choses qu'il a souffertes » (5.8). Le Nouveau Testament en général est une marque très forte de référence du modèle christique du disciple et du discipolat, que l'Eglise devrait imiter.

Melvin L. Hodges le retrace en ces termes :

> Jésus annonce son but : "Je bâtirai mon Eglise". L'apôtre Paul déclare que Jésus a aimé l'Eglise et s'est donné Lui-même pour elle. Il décrit lui-même au travers de ses épitres [*sic*] que tous ses travaux ont été pour le salut de l'Eglise. Nous ne pouvons avoir de meilleur objectif que celui qui est présenté dans le Nouveau Testament. Ainsi donc, nous définirons notre objectif de cette manière : Nous désirons établir, dans le pays où nous travaillons, une Eglise solide, modelée sur l'exemple du Nouveau Testament, il nous faut suivre les méthodes du Nouveau Testament.[4]

Par ce qui précède, il est important de cerner la relation incontournable entre le membre d'une église locale comme ouvrier et, un disciple qui est aussi membre d'une église, mais selon le concept du Maître, le Seigneur Jésus-Christ. C'est alors que nous chercherons à établir le pont entre les deux concepts : « membre de l'église » et « disciple » comme membre de l'église. L'objectif ici est de réveiller les consciences des hommes d'églises à se lever, comme des disciples et non comme des membres simples, afin que personne ne soit restée oisive, et qu'ensemble nous soyons engagés dans et pour la missio Dei. L'Eglise revêtira alors sa robe missionnaire pour se régaler de son élégance dynamique à faire la volonté de Dieu.

La consécration et la sanctification dans le chef des croyants devront être des aspects basiques pour atteindre le but. L'apport de Franck Colquhoun, dans « *Christian Foudations. The priority of preaching* »[5], met une emphase particulière sur la consécration en vue du ministère : « La prédication de la Parole doit avoir une place prépondérante dans la vie

---

[3]Michel Le Borgne, *Le défi de la formation* (Eysines, France : Association "En Mission avec Eux" des Assemblées de Dieu de France). La revue "Serviteur de Dieu", N° 122 – 2è trimestre 2008 – 31è année, 22.

[4]Melvin L. Hodges, *Bâtir mon Eglise* (Andrimont, Belgique: Publication « EMMANUEL », sd), 9-10.

[5]Franck Colquhoun, *Christian Foundations. Volume two. The priority of preaching* (Philadelphia, Pennsylvania, USA: The Westminster Press, 1965), 19-23.

et le témoignage de l'Eglise par la consécration du ministère. »[6] C'est pour une fin utile, que le ministère dans l'Eglise ne soit pas sans valeur et invalide, comme le recommande l'apôtre Paul aux Ephésiens (4.11-15), et à Timothée : « afin que l'homme de Dieu soit accompli et propre pour toute bonne œuvre. » (2 Tm 3.17)

Importance du sujet

Ce titre voit son importance quant à la considération de l'œuvre du Seigneur Jésus comme d'une œuvre futuriste encore inachevée, qu'il a transféré la charge de la continuité à ses apôtres. En annonçant son projet : « Je bâtirai mon Eglise » (Mt 16.18a), Jésus-Christ veut dire qu'il a commencé une œuvre dont l'achèvement architectural devra passer par les doigts de ses disciples. L'œuvre a commencé depuis le temps où il l'a énoncée et continue sa réalisation jusqu'au temps que le Seigneur a fixé selon le dessein de sa volonté. La péricope de Matthieu 28.18-20 n'est qu'une infime partie de la mission qu'énonce l'Ecriture. Cependant son importance relève de l'emphase que le Seigneur lui-même a accordée par l'ordre qu'il a intimé aux disciples d'exécuter son bon vouloir. Selon l'éditeur Jonathan Lewis comme : « En réalité, la mission se trouve au cœur même des Ecritures. Le projet de Dieu est en fait à la base de l'ensemble de toute la révélation biblique. »[7]

Définition des termes

Il y a deux mots clés qui sont ciblés dans ce travail, dont les définitions nous aideront à bien appréhender le sujet. Il s'agit des mots « discipolat » et « disciple ». Ce mot sur lequel se focalise notre attention a également une autre variante qui est le « discipulat ».

---

[6]Ibid.

[7]Jonathan Lewis, éd. *La mission mondiale. Une analyse de l'œuvre missionnaire dans le monde. Fondement biblique et historique. Tome 1*(Côte d'Ivoire, Abidjan : Centre de Publications Evangéliques, 2000), 1-1.

En toute vérité, le mot « discipolat » est un mot couramment utilisé en français, mais qu'aucun dictionnaire français ne le reconnait[8]. Cependant, c'est un mot qui est communément et habituellement utilisé dans les ministères, les milieux évangéliques et missiologiques. Comment pouvons-nous alors l'utiliser si ce n'est pas un mot reconnu par l'académie française ?

Pour atteindre notre objectif du discipolat, nous considérerons deux assertions latinistes, afin que le mot « discipolat » puisse nous être d'usage dans ce mémoire.
La première assertion comme principe fondamental est celui qui dit : « consensus omnium »[9], c'est le principe selon lequel l'on prouve une chose par un consensus universel. C'est par le fait qu'un plus grand nombre considère vrai et utilisable le mot « discipolat », qu'il nous soit convenable de le considérer de même. La deuxième assertion qui est un principe de droit général dit : « ***Error communis facit jus***. Littéralement : une erreur commune fait le droit. Il est des cas où une croyance commune provoque des conséquences juridiques pourtant contraires au droit. »[10] [*sic*]

Ne devrions-nous donc pas considérer le mot « discipolat » comme d'un nom de l'académie française, ne fut-ce qu'au nom de la « francophonie »[11] en attendant sa confirmation? En effet, dans sa conception populaire, le mot « discipolat » veut dire : « la formation des disciples en vue de la multiplication. »[12] Tandis qu'un « disciple », du latin : « *discipulus,* élève, personne qui reçoit un enseignement. »[13] [*sic*]

---

[8]Facebook lite : Andreyango2012, dans « le pasteur enseigne », en lien avec Michelle Gérard, en dates de 03 Mars, 08 Avril, 15 Avril et 26 Juin 2017.

[9]Bernard Willerval, Yves Boisseau et Henri Serres-Cousiné, éd. *Petit Dictionnaire en Couleurs* (Paris, France : Editions Larousse, 1988), 1059.

[10]Serge Guinchard, dir. *Lexique des termes juridiques. 20e édition 2013* (Paris, France : Editions Dalloz, 2013), 392.

[11]Wiktionnaire CC BY-SA 3.0 license. Offline.

[12]Appendice A : Questionnaire de l'enquête sur le discipolat, 95.

[13]René Pache, éd. resp. *Nouveau Dictionnaire Biblique révisé* (Saint-Légier, Suisse : Editions Emmaüs, 2002), 354.

Selon Anatole Bailly, la voie substantielle de l'explication des mots vient compléter la définition : « μαθητής, οὐ : disciple, qui apprend, étudiant, *en gén.* »[14] [*sic*]

Cependant, le mot « discipulat » est une autre variante de celui du « discipolat », qu'utilise John H. Oak et autres auteurs. C'est ce qui :

- Vient d'un mot plus ancien (vieux français), *discipulage*, signifiant école, novicat (de novice)
- C'est la voie qu'a choisi Jésus pour propager son message à travers le monde et à travers les âges. Le discipulat inclut des enseignements, une formation sur le tas, un modèle avec comme moyen de fond, la relation.[15] [*sic*]

Délimitation de l'étude

Dans cette étude où nous parlerons du discipolat comme une formation permanente et continue des disciples dans l'Eglise. Notre attention se tournera particulièrement sur les statuts et règlements d'ordre intérieur des E.D-RD Congo, et faire la nette différentiation entre un membre de l'église et un disciple comme membre actif dans l'église locale, déterminé et engagé dans la moisson. Ce sera la personne sur qui l'église locale peut compter pour accomplir la grande mission du Seigneur Jésus-Christ, comme repris dans l'Ecriture : « Car nous sommes son ouvrage, ayant été créés en Jésus-Christ pour de bonnes œuvres, que Dieu a préparées d'avance, afin que nous les pratiquions. » (Ep 2.10)

Présuppositions

C'est d'une démonstration par absurde par laquelle nous parviendrons à la présupposition. En effet, ce raisonnement est rendu de la façon suivante : « Un énoncé est contradictoire si cet énoncé et sa négation sont simultanément vraies. Pour démontrer qu'un énoncé est vrai, on suppose sa négation vraie, autrement dit on nie la thèse, et ceci conduit à une contradiction. On conclut alors que l'énoncé est vrai. »[16] En effet, si nous acceptons que

---

[14]Anatole Bailly, *Le Grand Dictionnaire Grec Français* (Paris, France : Editions Hachette, 2000), 1216.

[15]Jérémy Frachebond, Discipulat-1-Introduction-et-premier-obstacle.pdf (2013.03.03), I-5. http://www.theses.ulaval.ca/2015/31490/31490.pdf (consulté le 11.08.2017).

[16]Badetty Loshima et les autres, *Maîtriser les Maths* (Kinshasa, RD Congo : Editions Loyola, 2012), 3.

toutes les nations doivent devenir des disciples, comme veut le Seigneur Jésus-Christ dans sa déclaration : « Allez, faites de toutes les nations des disciples » (Mt 28.19), alors le verbe « faire » n'aura plus sa place, car ce verbe insinue un certain effort de la part des disciples et le pouvoir venant de Dieu que Jésus leur a transféré pour cette mission. Or la réalité est tout à fait historique et pratique, que la portée de la mission remonte du premier siècle quand cet ordre suprême qui a été donné par le Seigneur Jésus-Christ.

Du point de vue eschatologique, depuis cette ère de l'église primitive jusqu' à nos jours, il est vrai que toutes les nations n'ont pas encore été transformées en des disciples comme le Maître l'a voulu. Il y a encore beaucoup d'effort que les disciples sont en train de fournir pour l'accomplissement de la grande commission.

Il n'est donc pratiquement pas possible de transposer les nations en disciples de Jésus-Christ. Mais l'ordre missionnaire continue son cour normal jusqu'au temps convenable, fixé par la prescience de Dieu.

CHAPITRE II

LA REVUE DE LA LITTERATURE

Des Statuts et Règlements d'Ordre Intérieur des Eglises de Dieu en République Démocratique du Congo, en sigle les « E.D-RD Congo »[17]

Les E.D-RD Congo est l'une des Eglises nationales autonomes en République Démocratique du Congo. La missio Dei est sa déclaration de mission fondée sur Matthieu 28.18-20. Elle vise cinq objectifs principaux concernant sa nature missionnaire. Le premier objectif, c'est de perpétuer la mission de Jésus-Christ ordonné à ses disciples. Le deuxième objectif est l'évangélisation et l'implantation des églises. Le troisième est la formation des disciples et des ministres de Dieu. Le quatrième consiste à envoyer des missionnaires, et le cinquième objectif concerne la prise en charge holistique dans le développement intégral de l'homme. L'exécution de ce dernier objectif touchera la création et l'amélioration des institutions sociocommunautaires (hôpitaux, écoles, universités, coopératives d'épargne et de crédit). Elle promouvra l'éducation en général et en particulier l'éducation chrétienne.
Loin de nous la politique de « table rase » dans notre réflexion. Ce mémoire consiste une critique objective, il n'est pas la déconsidération des efforts qu'ont fourni les prédécesseurs dans la mission, mais un apport qui vient impacter l'œuvre missionnaire comme d'une pierre vivante dans l'édifice (1 P 2.5).

Partant de cette noble démarche des objectifs des E.D-RD Congo, et considérant que le pragmatisme du système scolastique n'a pas été satisfait, nous avons l'impérieuse obligation de réfléchir sur le « discipolat », comme un facteur de la croissance de l'Eglise. Michel Le Borgne considère important le rôle des Ecritures dans la mise en place de l'Eglise, et nous met en face d'un défi qu'est la formation des leaders. Il considère qu' : « Il n'est jamais inutile de rappeler que la formation, plus qu'un besoin, est une nécessité et il est plus

[17] *Statuts et règlements d'ordre intérieur des E.D-RD Congo* (Mbandaka, RD Congo : Edition privée, 2014), 5-6.

juste encore de dire que cette nécessaire formation doit être permanente. Pour toute personne qui aspire à servir le Seigneur, passer un temps de formation est incontournable. »[18]
En considérant sa structure et son organisation, l'Eglise des E.D-RD Congo est une des associations socio-spirituelles stables.

Cette Eglise est comptée parmi les Eglises évangéliques engagées pour l'accomplissement de la Grande Commission de Matthieu 28.18-20. Elle prêche fondamentalement la saine doctrine et considère la Bible comme la Parole inspirée de Dieu, source infaillible de la foi et de la conduite.
Comme toutes les Eglises néotestamentaires et par principe, une Eglise à vocation missionnaire, son idéal est de former des disciples et de les envoyer pour faire de toutes les nations des disciples (Mt 28.19-20). C'est ce qui sera un facteur important pour garder l'église locale dynamique. Nonobstant, il y a des groupes qui semblent ne pas respecter la tangente du maître de l'ouvrage, le Seigneur Jésus-Christ.
Abram Jan Krol condamne cette façon de léthargie provient de l'aveuglement, pendant que la vérité de l'évangile est manifeste. En effet : « Il existe dans l'Eglise une sorte d'aveuglement nocturne pour les hommes. La difficulté pour un aveugle, est de ne pas se rendre compte qu'il ne voit pas quelque chose. Il pense qu'il n'y a rien. »[19] L'apôtre Paul excite la jalousie des chrétiens à se réveiller et à prendre conscience vue l'urgence du temps. Ainsi recommande-t-il de racheter le temps, « car les jours sont mauvais. » (Ep 5.16) Les rachetés de Dieu devront se réveiller pour se mobiliser à l'œuvre missionnaire.

Le Congo démocratique avait reçu cette grâce depuis l'ère de grandes découvertes du continent africain au 19ème siècle. John Baur l'appelle : « Le Kongo chrétien »[20]. Et dans son

---

[18]Michel Le Borgne, 22.
[19]Abram Jan Krol, *Survol de la croissance de l'Eglise. Un manuel pratique* (Hoornaar, Pays Bas : Editions Gideon, 2001), 38.
[20]John Baur, *2000 ans de Christianisme en Afrique. Une histoire de l'Église africaine* (Kinshasa : Editions Saint Paul, 2001), 52.

argumentaire, il explique que c'est depuis les siècles que le Congo a été rencontré par l'évangile. En effet :

> "Les Congolais connaissaient trois rois : le roi régnant, son prédécesseur et le roi Ndofunsu [Afonso]". Cette observation qui remonte au 19ème siècle illustre l'importance historique de ce que les portugais ont salué comme le *nouveau Constantin et l'apôtre du Kongo.* Pendant son règne, le Kongo a opté pour le christianisme et les contacts avec l'Europe, choix qui a fortement influencé la suite de l'histoire du pays.[21] [*sic*]

Puisqu'il nous faut hâter l'avènement du jour de Dieu (2 P 3.12), les E.D-RD ont aussi pris part dans cette commission de la conquête des âmes.

Ka Mana réfléchit sur cette urgence comme d'un paradigme tourné vers la prise de conscience de la responsabilité de ceux-là appelés membres des églises. Il considère l'Afrique comme d'un « nouveau centre de gravité du christianisme dans le monde et nouvelle patrie du Christ, au service d'une nouvelle évangélisation des cultures et des nations. »[22]

Dans cette vague du réveil en R.D Congo, les Eglises évangéliques et charismatiques ont pris part particulière de s'engager dans la Grande Commission.

Des questions fondamentales en matière d'éducation chrétienne

Robert W. Pazmiño, dans un commentaire sur l'avenir du christianisme, cite le théologien Alister McGrath, qui emboîta ses pas en reconnaissant un potentiel qui existe chez les chrétiens. Ce potentiel vient de la viabilité de l'orthodoxie et du besoin d'une foi ferme qui doit être enseigné pour besoin de la transmission fidèle à la génération future. C'est ce que confirme aussi l'apôtre Paul à Timothée (2 Tm 2.2). En effet selon Pazmiño :

> "Cette contribution qui se poursuit est en relation avec la viabilité de l'orthodoxie et le besoin d'enseigner une foi vivante à transmettre au monde postmoderne." Pour que cela soit possible, les chrétiens sont appelés à être fidèles dans la théorie et la pratique de l'éducation chrétienne pour assurer la transmission d'une foi vivante aux générations qui émergent. En vue de soutenir cette tâche, les éducateurs chrétiens sont appelés à réévaluer leur pensée et leur pratique en relation avec les questions fondamentales de l'éducation chrétienne. Ces problématiques fondamentales

[21]Ibid.

[22]Ka Mana, *La mission de l'Eglise africaine. Pour une nouvelle éthique mondiale et une civilisation de l'espérance* (Bafoussan, Cameroun : Editions CIPCRE, 2005), 5.

> représentent des questions perpétuelles ou récurrentes pour ceux qui sont impliqués dans les ministères d'enseignement de l'église. Elles méritent une attention particulière de la part de ceux qui réfléchissent sur leurs ministères passés, présents et futurs.[23] [*sic*]

La détermination de l'auteur est que dans chaque étape du processus, la pensée et la pratique doivent être sujettes à l'autorité perpétuelle de la Parole écrite de Dieu, comme il le souligne encore que : « La Bible est l'instrument déterminant qui discerne et juge l'éducateur, la personne éduquée, et le processus pédagogique. »[24] C'est pourquoi, il est bienveillant de considérer les Ecritures comme source intarissable et incontournable de tout enseignement de la communauté de foi quant à l'éducation sociétale.

C'est ainsi que notre analyse du sujet se laissera sous la perspective de la Parole de Dieu, qui juge les sentiments et les pensées du cœur (Hé 4.12). La démarche de l'auteur vers la réponse révèle le défi d'une formation conséquente. Elle se fonde essentiellement sur l'examen des questions du curriculum dont on peut se servir pour former les disciples, dans un paradigme de l'éducation chrétienne, et dans une conception holistique intégrée. C'est alors que l'on peut tirer le pragmatisme d'un apprentissage par les principes directeurs en faveur de l'apprenant. Il établit une relation très étroite entre l'éducateur et l'apprenant, cherchant ainsi à discerner les variables personnelles et du groupe, lesquelles influencent l'éducation. Ainsi les éducateurs chrétiens doivent jouer le rôle prépondérant des vecteurs dans la formation de l'apprenant. C'est ainsi que l'on peut dire : « La continuité est assurée en mettant l'accent sur les vérités bibliques essentielles qui ont guidé la foi chrétienne et les ministères d'enseignement à travers les siècles. Le changement est assuré en mettant l'accent sur le besoin d'application des vérités théologiques en relation avec des variables historiques, culturelles, sociales, et personnelles. »[25] L'auteur tient ainsi compte de cette trilogie éducative qui s'avère adéquate. Et cette dernière c'est conséquemment nommé : « fondement, principes,

---

[23]Robert W. Pazmiño, *Questions fondamentales en matière d'éducation chrétienne. Une introduction de perspective évangélique* (Lomé, Togo : Faculté de Théologie des Assemblées de Dieu, 2011), 1.
[24]Ibid., 2.
[25]Ibid.

et pratiques. »[26] Cette trilogie conduit à un paradigme dont le système éducatif de toutes les générations doit en bénéficier comme un héritage.

D'où l'intérêt d'avoir un complément additionnel. Ainsi, cette étape additionnelle se trouve au niveau paradigmatique qui met l'emphase sur la problématique d'un curriculum de l'enseignement pédagogique. C'est en l'occurrence : « les problématiques du contenu pédagogique, c'est-à-dire la connaissance organisée partagée dans l'éducation chrétienne. Cette étape identifie l'héritage chrétienne qui sera partagée avec les personne et groupes assemblés. Cet héritage vivant s'appuie sur des sources tirées des divers fondements déjà identifiés dans le modèle pour former un curriculum. »[27]

L'auteur incite donc les éducateurs chrétiens modernes à relever ce défi majeur qui les affronte. Ce défi à relever, c'est savoir être fidèle, obéissant, créatif dans ses pensées et pragmatique dans tous les domaines de la vie. C'est évidemment avec l'apport du Saint-Esprit que tout cela pourra être possible. C'est pourquoi l'auteur s'évertue à faire comprendre l'importance de ce défi : « C'est potentiellement être victime d'un effort bêtifiant qui manque de donner gloire à Dieu. Une affirmation du caractère pré-pragmatique de l'éducation chrétienne reconnaît aussi la création de l'espace pour l'œuvre surprenante et gracieuse du Saint-Esprit dans toute approche ou conception pédagogique. »[28] Il donne en effet, une place de choix à l'œuvre du Saint-Esprit dans la formation pédagogique, afin de la rendre efficace afin que l'Eglise soit toujours croissante et demeure dynamique. Ainsi, le défi du statuquo sera banni dans nos églises.

Encore, l'auteur met de l'emphase sur l'un des facteurs qui soient inévitables dans l'approche de la croissance d'une église dynamique. C'est Dieu lui-même, parce que l'affaire du salut des hommes le concerne. En effet : « Le Saint-Esprit est la présence environnementale, et le défi est de créer les conditions dans lesquelles l'Esprit de Dieu peut

---

[26]Ibid., 3.
[27]Ibid., 4.
[28]Ibid., 5.

œuvrer de manière fructueuse dans la vie des gens. »[29] Le dynamisme d'une église locale est donc intimement lié à la présence du Saint-Esprit. Dans les prérogatives de sa nature et de son œuvre, le Saint-Esprit apporte la puissance transformatrice et intarissable en de l'œuvre du ministère, comme il est écrit : « Mais vous recevrez une puissance (δύναμιν) venant du Saint Esprit sur vous et vous serez de moi témoins. »[30] (Ac 1.8a, version du Nouveau Testament interlinéaire Grec/Français)

Pazmiño, parlant des questions fondamentales de l'éducation chrétienne dans ces perspectives évangéliques, n'a pas laissé d'insister sur l'importance des fondements bibliques dans sa démarche de la recherche du résultat sur la question du discipolat dans l'église locale. Il considère que le sérieux devoir de l'éducateur chrétien est d'« examiner les fondements bibliques de l'éducation chrétienne. »[31] Voilà pourquoi il fonde sa conviction sur l'Ecriture comme une source essentielle de l'éducation chrétienne. En effet, pense-t-il que : « L'Écriture est la source essentielle permettant de comprendre distinctivement les éléments chrétiens de l'éducation. Par conséquent, il est crucial que les pensées et pratiques de l'éducateur chrétien soient guidées par les vérités divines révélées si l'éducateur cherche à être obéissant à Christ dans la tâche de l'éducation. »[32]

Ainsi, on peut identifier plusieurs fondements dans l'Ancien et le Nouveau Testaments. Ils offrent, comme sources bibliques, les modèles ou les approches au niveau élémentaire de la lecture du Saint livre. En passant, il révèle la faiblesse qui environne les chrétiens et considère que : « Le défi pour les chrétiens est d'examiner leurs modèles d'éducation, de les rendre explicites, et de les appuyer par des fondements bibliques. Les modèles suggérés par divers fondements bibliques fournissent des guides permettant de

---

[29]Ibid., 96.

[30]Maurice Carrez, *Nouveau Testament Interlinéaire Grec/Français* (France : Société biblique française, 1993), 524.

[31]Robert W. Pazmiño, 9.

[32]Ibid.

considérer les efforts passés, présents et futurs en matière d'éducation. »[33] Il en vient à l'échantillonnage des fondements tels que les éducateurs doivent développer dans divers cadres des études détaillées qui soient canoniques ou contextuelles. C'est ce que pense Gabriel Fackre identifiant dans l'Ecriture quatre mots qui donnent un sens caractéristique, qui sont : « commun, critique, canonique et contextuel. »[34]

Dans l'Ancien Testament

L'Ancien Testament fournit une grande variété de cadres historiques et communautaires, permettant d'examiner la nature de l'enseignement et de l'apprentissage au sein de la communauté de foi. L'éducateur Matías Preiswerk met l'emphase sur la perspicacité, l'identification des divers agents engagés à cette époque dans l'éducation. Cette identification vise les prophètes, les sacrificateurs et les lévites, les sages, les scribes et les rabbins, à côté du peuple lui-même en tant que nation. Il dit que : « Chaque agent de l'éducation avait distinctement un but, est un contenu, une méthode, et une expression institutionnelle. »[35]

Dans la Torah, le livre de Deutéronome apparaît comme celui qui souligne les normes que la communauté de foi doit suivre et enseigner aux générations émergentes futures. Le mandat pédagogique de Deutéronome (6.1-2, 4-9) était de perpétuer les commandements de Dieu, avec un but ultime d'encourager l'amour pour Dieu exprimé dans la loyauté et l'obéissance. Que devons-nous comprendre de l'amour de Dieu ? En effet : « Aimer Dieu c'est répondre à une revendication unique (6.4), être obéissant (11.1-22 ; 30.20) ; garder les commandements de Dieu (10.12 ; 11.1, 22 ; 19.9), marcher selon ces commandements et entendre la voix de Dieu (11.13 ; 30.16), et servir (10.12 ; 11.1, 13). »[36] Au fait, vouloir parler de l'amour sans parler de Dieu lui-même serait une déviation du sujet. C'est pour cela qu'il

[33]Ibid.
[34]Ibid., 10.
[35]Ibid.
[36]Ibid., 12.

faudra reconnaître que : « Dans l'absolu, Dieu est l'enseignant de l'éducation biblique. Dieu est l'auteur et le révélateur de toute vérité, et les enseignants aussi bien que les élèves sont soumis à cette vérité. Dieu appelle enseignants et élèves à comprendre, à croître dans, et à obéir à la Parole révélée de Dieu. »[37] Et la responsabilité incombe sur les éducateurs de la communauté de foi (les enseignants et les parents), comme des intendants et proclamateurs de la vérité de l'Ecriture : « Les enseignants, tout comme les parents, sont appelés à se servir de modèles de l'amour de Dieu qu'ils espèrent encourager les élèves à suivre. »[38]

L'essentiel du contenu de l'éducation biblique dans Deutéronome 6 inclut aussi les commandements, les prescriptions, et les ordonnances de Dieu que Moïse avait la responsabilité d'enseigner. Cependant, ce contenu, à la fois fondamental et radical, était relié substantiellement à l'ensemble de la vie, selon intégration de la vérité dans l'ensemble, pour impacter et affecter l'existence quotidienne du peuple de Dieu. Les parents sont ciblés dans ce chapitre comme les indicateurs qui doivent jouer un rôle essentiel dans l'éducation, sachant que la foi en Dieu est reliée à l'ensemble de la vie. C'est ainsi que: « Chaque fois que les fidèles interagissent, il y a là une occasion d'éducation chrétienne pourvu que cette interaction soit intentionnelle, systématique, et soutenue. »[39] [*sic*] L'Ancien Testament faisait de l'enseignement partie intégrante et essentielle de la liturgie de la vie du peuple de Dieu. L'éducation, comme l'un des héritages de l'Ancien Testament, commençait déjà depuis l'enfance en Israël. L'enfant hébreu apprenait à adorer Dieu par tout système sociétal propice à l'éducation et à l'encadrement des enfants. En effet :

> Comment l'enfant hébreu apprenait-il à adorer ? Premièrement à travers une relation avec le parent adorateur, qui était membre d'une communauté d'adoration ; à travers une éducation intentionnelle tissée dans les rituels de l'adoration dans le foyer et l'adoration communautaire ; à travers une multitude d'expériences sensorielles et de symboles et drames promoteurs de réflexions ; à travers une vie d'actions éthiques découlant de l'adoration ; à travers un modèle de sabbats et de festivals récurrents qui ont créé l'histoire hébraïque ; et pour finir, à travers une forme de rassemblement

---

[37]Ibid.
[38]Ibid., 12.
[39]Ibid., 13-14.

communautaire qui faisait de l'enseignement une partie essentielle de la liturgie.[40] [*sic*]

C'est donc un signe très fort de la reconnaissance ou de la différenciation d'une identité attachée à la vie et au modèle divin, une caractéristique de la vie d'un disciple, comme cité ci-haut, un modèle émanant de l'héritage des vestiges de l'Ancien Testament. Ainsi, nous pouvons dire que le discipolat n'est pas une innovation créatrice du Nouveau Testament, ou le fruit d'une imagination savante de Jésus Christ, c'est donc un héritage importé de l'Ancien Testament, dont Jésus lui-même était le fruit et le modèle émanant de ce discipolat. Il n'a fait que transférer fidèlement ce que lui-même avait reçu de ses parents, de sa société et de son environnement cultuel.

L'auteur se résume en ces termes, quant à l'enseignement de l'Ancien Testament, ce que l'on peut comprendre de son enseignement. Son contenu comprend l'instruction et l'admonestation, visant un but ciblé dans un contexte principalement spécifique. Pour ce qui est du principe contextuel de l'éducation chrétienne :

> L'instruction impliquait le fait d'informer les gens sur les vérités et les exigences de Dieu ; l'admonestation impliquait le fait de défier les gens quant à leur manière de vivre. L'éducation s'articulait autour de la Torah, la loi de Dieu, d'abord communiquée oralement, puis écrite dans les Écritures, qui contenait la révélation morale et spirituelle même de Dieu. Dieu était la mesure de toutes choses ; toute la vie était dédiée à Dieu. Le but de l'éducation dans les récits de l'Ancien Testament était de conduire les gens à la sainteté et à la transformation. La Torah servait à révéler les exigences de Dieu ou ses attentes. Les gens devaient être formés selon les voies mêmes de Dieu, et le centre d'intérêt était le caractère et la sagesse de Dieu qui devaient guider l'action morale. On devait vivre selon la loi ; l'obéissance était une réponse fidèle à l'éducation. Le contexte principal de cette éducation était la maison, et les parents avaient la responsabilité d'instruire leurs enfants selon la loi, de les éduquer au mariage, et de leur enseigner un métier. A part la centralité du foyer en tant que maison d'adoration, la participation à la vie religieuse servait à éduquer les gens. Les sacrificateurs étaient des experts en vie rituelle, comblant le fossé entre les hommes et Dieu, et les prophètes déclaraient la Parole de Dieu, en protestant contre la violation de cette parole dans la vie individuelle et collective. Les sagesses abordaient les questions éthiques et donnaient une direction quant à la manière de réaliser pratiquement la consécration à Dieu.[41]

---

[40]Ibid.
[41]Ibid., 118.

L'apôtre Paul, étant aussi un disciple, était bénéficiaire du système éducatif juif fondé sur les Ecritures. Il s'en était inspiré pour construire son propre système éducatif, évidemment sur le modèle de son Maître le Seigneur Jésus-Christ. C'est ainsi qu'il instruisait ses disciples, entre autre Timothée, en lui disant : « Toute Écriture est inspirée de Dieu, et utile pour enseigner, pour convaincre, pour corriger, pour instruire dans la justice, afin que l'homme de Dieu soit accompli et propre à toute bonne œuvre. » (2 Tm 3.16-17)

La méthodologie de l'enseignement de l'école mosaïque s'appuyait sur la communication orale, par divers aide-mémoire comme la poésie, les jeux de mots, et de l'acrostiche. C'est selon un programme préétabli, mais d'une manière spontanée, lors des occasions spéciales (Dt 6.7), avec un temps significatif accordé à l'instruction (Né 8.3), que l'enseignement se donnait. En effet : « Le principe directeur dans tous ces efforts d'enseignement était que les hommes doivent faire honneur à Dieu et à leur famille à travers leurs vies. Dieu était honoré à travers la vie obéissante, qui était une expression d'adoration et de révérence. »[42] C'est donc au travers de la vie obéissante, l'expression d'adoration et de révérence, que Dieu est honoré. Et c'est là l'objectif ultime de toute éducation biblique et chrétienne.

Dans le Nouveau Testament

Le Nouveau Testament aussi bien que l'évangile de Moïse ou l'Ancien Testament ouvre un large horizon eu égard au curriculum d'enseignement de la foi et du discipolat : « Les Évangiles et les épîtres ont établi un programme pour la propagation de la foi chrétienne dans ce qui était un cadre étranger hostile. »[43] Kevin Giles, cité par Pazmiño, souligne par rapport au Nouveau Testament que « chaque leader de la communauté de foi était un enseignant. Ces leaders incluent des apôtres, des prophètes, des évêques, des diacres, des anciens, des femmes, des membres de l'église, et même des enfants qui avaient été élevés au

---

[42]Ibid., 119.
[43]Ibid., 23.

sein du cercle pédagogique de Jésus. La vision était que chacun deviennent enseignant. »[44] Autrement dit, chaque membre de la communauté de foi en Jésus Christ est appelé à être un disciple et par conséquent, être formateur des disciples ou acteur du discipolat dans l'église. En se référant à l'évangile selon Matthieu, le système éducatif est calqué sur le modèle de l'Ancien Testament. Le Nouveau Testament en est l'accomplissement. Il s'exprime dans le sens de partager la vision, la mission et la mémoire du Maître, le Seigneur Jésus dans un programme si vaste et si explicite dans Matthieu 28.16-20.

En effet : « Le but du ministère des disciples est de rendre les autres capables de devenir des disciples obéissants de Jésus-Christ. Cet enseignement de responsabilité est pour tous ceux qui sont des disciples de Jésus. C'est une tâche difficile que d'enseigner l'obéissance. »[45] L'évangile selon Matthieu présente un des modèles d'instructions, dont l'enseignement était mis en œuvre dans l'église primitive ; c'est donc un manuel de cours pour la formation des chrétiens, disciples de Jésus, comme le cas des disciples d'Antioche (Ac 11.26) :

> L'enseignement de Jésus est organisé en blocs d'instructions qui servent de guide scolaire pour l'église chrétienne émergente. Les cinq sections majeures d'enseignement sont les suivants : 4.1-7.27 ; 10.1-42 ; 13.1-52 ; 18.1-35 ; 23.1-25.46. Ces sections abordent les domaines principaux de la vie chrétienne. Elles peuvent être catégorisées selon trois éléments que la communauté chrétienne partage avec ses membres, à savoir, une vision, une mission, et un mémoire[46].

Afin que la formation des disciples soit continue, et que la vision chrétienne du monde s'adapte sensiblement à l'évolution liée au modernisme, le modèle de Jésus et de son système éducatif devra être scrupuleusement suivi. C'est là le grand défi que la génération actuelle doit relever. En effet, Pazmiño explique que :

> L'élaboration d'une théorie de l'éducation est un art qui inclut de la créativité, de la subjectivité, et le risque. Le risque est inhérent à notre condition humaine. Cette élaboration implique la reconnaissance de l'idée selon laquelle les gens sont intégrés

---

[44]Ibid., 23-24.
[45]Ibid.
[46]Ibid.

> au tissu de l'histoire et ils ont la responsabilité en tant qu'acteurs de l'histoire d'exprimer dans leurs vies leurs valeurs et leurs engagements.[47]

L'Eglise doit son modèle sur la Bible pour fonder son système éducatif. Ce dernier ne doit pas être l'apanage exclusif de la communauté de foi. Il doit inclure toute personne et tout âge dans la communauté de la foi. Pour Pazmiño :

> L'éducation chrétienne est l'un des ministères de l'église qui cherchent à encourager les gens de tous âges à choisir la vie spirituelle trouvée en Jésus-Christ pour l'église chrétienne. Choisir la vie requiert d'aimer, d'écouter, et de s'accrocher à Dieu. Ce choix est impératif parce que Dieu est la source de la vie, comme le mentionne 1 Jean 5.12 : "Celui qui a le Fils a la vie ; celui qui n'as pas le Fils de n'a pas la vie."[48] [*sic*]

L'éducation chrétienne conduit à un double objectif : le premier c'est de partager de la connaissance et encourager une réponse favorable à l'appel de Dieu. C'est un fait qui crée la vie ; le deuxième est d'exiger un discipolat continuel et inclusif, c'est-à-dire, le maintien et l'entretien d'une formation des disciples dans l'église locale et dans le programme soutenu de l'Eglise nationale. Celle-ci devra être le reflet du modèle de Christ dont la didactique est celui de s'accrocher à l'Ecriture et de se focaliser sur le modèle néotestamentaire. Car la Parole de Dieu doit avoir des effets non exclusifs dans la société, mais plutôt une influence inclusive. Cette notion de la fidélité de Dieu est définie comme un héritage commun :

> La Loi de Dieu est un fidéicommis, un héritage qui doit être partagé non seulement avec les adultes mais aussi avec les enfants et les jeunes de la communauté de foi. Ces prescriptions formelles et juridiques sont finalement accomplies et transcendées dans la nouvelle alliance. A partir de la perspective du Nouveau Testament, l'importance de la Loi divine s'étend à l'ensemble de l'Ecriture (2 Tm 3.14-17).[49]

Et la Parole de Dieu, comme un contenu essentiel de programme approprié pour l'enseignement et l'éducation chrétienne, devra être dispensée en faveur de toutes les personnes en vue de la connaissance de Dieu : « La Parole de Dieu doit être transmise d'une génération à l'autre avec pour but d'encourage [*sic*] une réponse de fidélité de la part des auditeurs. L'autorité de la Parole de Dieu est comprise au sein de la communauté de foi,

---

[47]Ibid., 144.
[48]Ibid., 15.
[49]Ibid., 16.

l'église du Dieu vivant, qui est présentée comme "la colonne et l'appui de la vérité" (1 Tm 3.15). »[50]

L'auteur, au travers de ses écrits, nous révèle que lui-même est l'héritage d'un discipolat de ses parents, le découvrant dans sa dédicace : « *A Albert A. Pazmiño (1909-1986), mon père qui est un André des temps modernes et à Laura R. Pazmiño (1920-2007), ma mère qui est une Dorcas de l'époque postmoderne* »[51] [*sic*]. A l'exemple d'André, l'un des deux disciples de Jean Baptiste, qui conduisit son frère Simon à Jésus (Mt 1.40-42a), l'auteur eut pour son André des temps modernes son propre père ; et sa mère, comme une Dorcas de l'époque postmoderne (Ac 9.36-39).

J'apprécie en particulier son index bibliographique, que lui-même qualifie de sélectif, ce qui comporte pratiquement tous les domaines d'intérêt de la vie chrétienne, constitués en fondements : biblique, théologique, philosophique, historique, sociologique, psychologique et pédagogique. Son curriculum est d'un apport important pour l'exploitation sur le discipolat.

La mission pédagogique de l'église

Les fondements de l'éducation chrétienne

Dans cette section, trois points sont ciblés comme fondements de l'éducation chrétienne, orientation d'une formation conséquente d'un disciple accompli, digne de conquérir le monde, selon la tâche que le Seigneur Jésus a donnée à l'Eglise : « Allez, faites de toutes les nations des disciples, les baptisant au nom du Père, du Fils et du Saint Esprit, et enseignez-leur à observer tout ce que je vous ai prescrit. Et voici, je suis avec vous tous les jours, jusqu'à la fin du monde. » (Mt 28.19-20)

Ces trois sections sont des fondements bibliques, théologiques, et de Jésus lui-même comme le maître-enseignant. La démarche de Bill Kuert est d'aboutir à un discipolat digne de Jésus, lui-même comme le modèle d'un disciple authentique avant d'être un bon maître. Selon

---

[50]Ibid.

[51]Ibid., i.

Bill Kuert : « L'accent est mis sur le mot "enseignez". L'Ancien et le Nouveau Testament donnent une perspective enrichissante du concept et de la pratique de l'enseignement. »[52] [*sic*]

Rick Warren

Cet auteur a écrit une série de livres qui édifient et qui s'intéresse particulièrement, par ces approches, à la mission et à la croissance de l'Eglise. Sa démarche ne contredit pas l'ordre suprême de la mission néotestamentaire. Ces titres sont en l'occurrence : « *Une vie motivée par l'essentiel* », «*Une Eglise motivée par l'essentiel* » et enfin « *Une Eglise, une passion, une vision* ». Il affirme ainsi, que pour être en bonne santé, une assemblée doit être motivée par la passion, et doit avoir une vision claire. Ainsi, elle peut facilement atteindre le grand commandement de Matthieu 28.18-20.

Pour y arriver, il propose des outils de formation pouvant aider les responsables d'églises à se former et à former les autres (Ep 4.11-15). Ces outils relèvent de la formation permanente, d'une vie et d'une église motivée par l'essentiel, avoir une Eglise qui a une passion et la vision selon le Maître. En effet, la formation permanente n'est pas un luxe, mais une nécessité pour tous les croyants en vue d'accomplissement de l'ordre suprême. Il faut donc procéder par un enseignement systématique sur la question, afin que chacun découvre son don et apprenne à le développer à la gloire du Seigneur Jésus. « *Une vie motivée par l'essentiel* » se focalise en somme sur cinq objectifs essentiels : être conçu pour le plaisir de Dieu, être façonné pour la famille de Dieu, être créé pour ressembler à Christ, être formé pour servir Dieu et, être fait pour accomplir la mission de Dieu. Le chrétien est appelé à vivre l'essentiel de sa vie en discernant sa raison d'être quant à la volonté de Dieu. Ainsi : « Sa mission est maintenant la nôtre, car nous sommes le corps de Christ. Ce qu'il a fait dans son corps physique, nous devons le continuer car nous sommes son corps spirituel, l'Église.

---

[52]Bill Kuert, *La mission pédagogique de l'église* (Irving, Texas, USA: ICI University Press, 1998), 7.

Quelle est cette mission ? Faire connaître Dieu aux hommes ! »[53] [*sic*] Avoir une vie motivée par l'essentiel conduit à l'épanouissement quand l'on s'accorde à mettre en pratique le plus grand commandement et le grand ordre de mission de Jésus-Christ. Rick Warren oriente sa conclusion vers chacun des chrétiens : « Le grand ordre vous concerne. Vous devez choisir : vous serez soit un chrétien influent dans le monde, soit un chrétien influencé par le monde. »[54]

Toute Eglise motivée par l'essentiel concerne la croissance sans compromettre le message et la mission, le progrès de l'église sur les convictions de la foi. C'est être réellement en bonne santé, Warren le dit : « Je crois que la question clé pour les églises du 21e siècle sera la *santé* de l'église, et non la croissance de l'église. »[55] [*sic*]

Mieux vaut un processus de formation pour la croissance qu'une série de programmes qui vise à faire grandir les hommes. Car : « "Si vous concentrez à faire grandir les gens, Dieu fera grandir l'église". » [*sic*] (Voir note de l'arrière page de couverture du livre)

Fondements. Une perspective pour la formation de disciples

Selon Rick Warren, il n'y a pas autres fondements que la base biblique d'une vie motivée par l'essentiel. En comprenant cette vérité, nos vies seront transformées, afin de profiter des objectifs que Dieu a pour nous. Car toute vie bâtie sur un mauvais fondement ne peut jamais atteindre sa destinée. Ce principe qui est fondamental, n'est rien d'autre que la volonté de Dieu.

Faites des nations mes disciples. Clés pour une réforme de nos sociétés

Darrow L. Miller et Stan Guthrie focalisent leurs efforts sur la transformation de la société par le principe directeur édicté par le Seigneur Jésus dans Matthieu 28.18-20. Les

---

[53]Rick Warren, *Une vie motivée par l'essentiel* (Lake Forest, U.S.A: Purpose Driven Ministries, 2006), 306.

[54]Ibid., 323.

[55]Ibid., 83.

auteurs ont fondé leur concept par comparaison de toute l'histoire du Nouveau Testament, dont la puissance de l'évangile a transformé des vies humaines. Ils considèrent que la vérité de Dieu a le pouvoir de briser, non seulement des liens spirituels du péché et de la mort, mais aussi qu'elle peut délivrer la société de la fatalité et de la pauvreté.

Darrow L. Miller débouche de la formation des disciples par son expérience personnelle, de 25 ans et dans plus de 60 pays, avec « Food for the Hungry », une organisation internationale d'aide au développement, et ensuite avec « Disciple Nations Alliance », 1981 où il s'était engagé. Il est conférencier et écrivain sur des thèmes liés à la vision de la Bible, selon ses formations de théologie et de philosophie, ayant aussi exercé pendant cinq années le ministère pastoral avec sa femme.

Cette pensée va de pair avec mon concept de la formation holistique des disciples, une formation qui ne visera pas seulement les aspects spirituels, mais aussi ceux des besoins naturels de l'homme appelé à ressembler Christ. Le titre de leur livre est particulièrement intéressant dans sa ressemblance à la vision de Jésus-Christ de Matthieu 28.19 : « Allez, faites de toutes les nations des disciples ».

Shane Warren, focalise son attention sur le « comment former des disciples, partant de la foule jusqu'à devenir un vrai disciple. » La seule méthode est celle de Jésus, qui se servait du moindre détail de la vie quotidienne pour enseigner et former les douze. Ainsi, il y a donc une nécessité à former des disciples, laquelle est un apport important pour la croissance et la santé de l'église. Fondamentalement, quant à Daniel Hébert, « le mot "chrétien" n'apparaît que trois fois dans le Nouveau Testament. Le terme "disciple" est employé au moins 250 fois. »[56]

---

[56] Daniel Hébert, *Définition et nécessité d'être un disciple. Matthieu 28/19* (http://www.pasteurdaniel.com/index.php/fr/pasteur-daniel-hebert/179-disciple/3359-01-definition-et-necessite-detre-un-disciple-matthieu-2819, affichage 8371, consulté le 13 mars 2017, publié le 3 mars 2011), 2.

Deux fois le mot chrétien est cité dans les Actes des apôtres (22.26 ; 26.28) et une fois dans la première épître de Pierre (4.16).

CHAPITRE III

LA METHODOLOGIE

La considération du sujet se verra loin de toute conception exégétique. Les modes d'investigations sont déterminés par des paradigmes conceptuels du sujet qui visent des objectifs bien précis. Ces modes d'investigations sont des approches quantitatives, qualitatives ou des approches mixtes. Le choix d'une approche pragmatique basée sur la doctrine biblique, ou la théologie systématique appuiera les modes d'investigations pour un résultat efficace de ces recherches. Certains de ces paradigmes seront focalisés sur les réalités de la vie socio-ecclésiastique vécue au quotidien, pour essayer de donner une nouvelle dynamique aux églises locales, quant à leur croissance. C'est avec simplicité que le souhait est émis dans le sens de voir cette réflexion outiller les missionnaires, les gestionnaires, et tout autre acteur dans les églises, tant nationales que locales, pour essayer de les rapprocher davantage de la volonté du Seigneur Jésus-Christ, le Maître-fondateur de son Eglise (Mt 16.18).

La considération livresque

L'approche quantitative

Cette approche vise à recueillir des données observables et quantifiables. Ce type de recherche consiste à décrire, à expliquer, à contrôler et à prédire en se fondant sur l'observation de faits et événements positifs, c'est-à-dire qui existent indépendamment du chercheur, des faits objectifs.

Cette méthode s'appuie sur des instruments ou des techniques de recherche quantitative de collecte de données dont en principe la fidélité et la validité sont assurées. Elle aboutit à des données chiffrées qui permettent de faire des analyses descriptives, des tableaux et des graphiques si possible, des analyses statistiques de recherche de liens entre les variables ou les facteurs, des analyses des corrélations ou des associations, etc.

Exemple : « Le discipolat est un facteur pour la croissance d'une église locale dynamique. » Cette proposition contient les concepts comme le discipolat, ou facteur et le lien entre les deux est exprimé par les mots « croissance de l'église ».

Pour rapprocher la proposition théorique de la réalité, ou pour confronter l'hypothèse à l'observation, il faut opérationnaliser les concepts, c'est-à-dire établir une relation systématique entre les concepts et la réalité observable, au moyen des indicateurs. On peut définir les indicateurs comme des signes, comportements ou réactions directement observables par lesquels on repère au niveau de la réalité les dimensions d'un concept qui soient la croissance d'une église.

Opérationnaliser un concept, c'est donc lui associer un ou plusieurs indicateurs qui permettront de distinguer avec exactitude les variations observées dans la réalité par rapport au concept. Distinguer les variations, cela veut dire mesurer : l'opérationnalisation d'un concept conduit donc à la mesure.

L'approche qualitative

Cette approche consiste en la considération d'une situation concrète comportant un phénomène particulier qu'il ambitionne de comprendre et non de démontrer, de prouver ou de contrôler. Elle voudra donner un sens à ce phénomène à travers ou au-delà de l'observation, de la description de l'interprétation et de l'appréciation du contexte et du phénomène tel qu'il se présente. Cette méthode recourt à des techniques de recherche qualitative pour étudier des faits particuliers (études de cas, observation, entretiens semi-structurés ou non-structurés, ou même structurés). Le mode qualitatif fournit des données de contenu, et non des données chiffrées.

L'approche mixte

Cette approche est une combinaison des deux précédentes. Elle me permettra de mobiliser aussi bien les avantages du mode quantitatif que ceux du mode qualitatif. Cette conduite aide à maîtriser les phénomènes dans toutes ses dimensions.

Les deux approches ne s'opposent donc pas. Elles se complètent : l'approche qualitative, par observation, par entretien, ou par protocoles. Elle permet de récolter énormément d'informations. Certaines d'entre elles seraient même inattendues. Elles font progresser la recherche. Cependant la durée d'une enquête qualitative limite son recours à des sujets de recherche pour lesquelles on dispose de peu d'informations. Cette enquête a été choisie pour l'exploration du sujet en vue de permettre le développement et la soutenance de la thèse. Ceci relève d'un processus inductif.

Il convient de noter en sus que ce qui fait la force de l'approche quantitative (profondeur des entretiens) est source de faiblesses due à la durée de l'entretien. On ne pourra interroger qu'un échantillon très limité de cas. La validité externe de la recherche est questionnable.

L'approche quantitative repose sur un corpus théorique qui permet de poser des hypothèses. La phase empirique d'une telle recherche se réalise souvent en conduisant une enquête par un questionnaire. En effet, le questionnaire permet d'interroger un beaucoup plus grand nombre d'individus. Mais le format de l'enquête ne permet de recueillir que les informations relatives aux questions.

La considération pragmatique

A cette condition, il y a donc un travail, un processus, un curriculum et une structure tant scolastique que classique à préconiser pour un discipolat efficace dans l'Eglise.

La méthodologie que j'ai adoptée pour ce travail est essentiellement fondée sur la direction du Saint-Esprit comme guide, sachant que pour tout travail spirituel et de par sa mission, l'apport du Saint-Esprit est d'une importance capitale, comme dit l'Ecriture : « Mais le consolateur, l'Esprit Saint, que le Père enverra en mon nom, vous enseignera toutes choses, et vous rappellera tout ce que je vous ai dit. » (Jn 14.26)

Bien plus encore, le Seigneur Jésus dit : « Quand le consolateur sera venu, l'Esprit de vérité, il vous conduira dans toute la vérité ; car il ne parlera pas de lui-même, mais il dira tout ce qu'il aura entendu, et il vous annoncera les choses à venir. » (Jn 16.13) Car pour ce qui est des choses spirituelles, c'est spirituellement qu'on en juge (1 Co 2.14-15).

Etant conduit et dirigé par le Saint-Esprit, j'ai commencé depuis le début des études de master à rassembler du matériel, selon l'amour et le désir que j'avais dans mon cœur pour la mission. C'est un processus dans une procédure très dynamique d'associer les recherches au Saint-Esprit. Il faut avouer que ce matériel était considérable au point où il y a eu un grand reste encore inexploité sur le sujet. De cette sélection, j'ai dû procéder à une fouille systématique, allant de fond en comble.

En considérant ce sujet, nous avions commencé par un peigne fin de la bibliothèque centrale de la faculté de théologie à Lomé pour chercher le mot « discipolat ». Nous avons questionné certaines bibliothèques online et offline, la bibliothèque centrale de Toulon[57] et dans notre petite bibliothèque familiale, ce mot ne s'y trouve pas. Après avoir étayé systématiquement les titres et certains auteurs sous la direction principale du Saint-Esprit, nous nous sommes lancés dans une recherche effrénée, livre par livre, selon les titres et en parcourant les tables de matières. C'est avec toute évidence que nous nous sommes attelés à prendre soigneusement notes de tout ce concernait le travail de recherche. L'analyse devenait de plus en plus intéressante quand je passais par la bibliographie de l'auteur pour chaque livre, ce qui me poussait d'aller encore en profondeur dans mes recherches. Chaque

[57]Facebook lite : Andreyango2012 dans « le pasteur enseigne », en lien avec Michelle Gérard, en dates de 03 Mars, 08 Avril, 15 Avril et 26 Juin 2017.

introduction et conclusion des chaque livre ne me laissaient pas sans intérêt, au contraire elles m'orientaient en la matière, sans omettre les préfaces et les notes des dos des couvertures.

Après avoir collecté autant d'éléments préliminaires, je devais passer à la fouille systématique des parties consultées du livre, de fond en comble, de la première page à la dernière. Ma réflexion a été enrichie aussi par le biais des réseaux sociaux, où j'ai eu des entretiens très riches avec les gens du monde de toutes les catégories sociétales que je ne saurais les épingler en particulier. Chacun a donné sa façon de voir le sujet et le débat était très ouvert. De cette ouverture, l'horizon de mes recherches ne faisait que s'agrandir. Les liens dans l'internet ont apporté un plus considérable, dans ce sens que, non seulement j'ai eu beaucoup d'éléments utiles à enrichir mes recherches, mais aussi j'ai acquis une richesse des livres téléchargés qui me serviront par la suite dans ma vie ministérielle et qui pourront servir à l'église. L'interview[58] que nous avons accordée à un certain groupe de gens a servi de balise pour orienter ce travail de mémoire, du plan proposé aux appendices comme clôture de notre recherche.

En plus de mes recherches exogènes, nous avions plus focalisé notre attention sur le programme de master durant les trois sessions à la faculté. Qui pis est, l'expertise et le savoir-faire de nos professeurs, le cursus des cours et les débats dans les auditoires étaient tellement forts que le désir de cette réflexion ne faisait que murir en nous. Tellement que le souci était très fort en nous, nous souvenant de la salle d'attente pour la dernière session de master, le samedi 07 Mai 2015, en partance pour Lomé, quand nous étions en train de noter déjà les premières lignes de cette réflexion sur le discipolat.

---

[58]Appendices A, 95.

CHAPITRE IV

LES RESULTATS

L'urgence d'un discipolat dynamique

Vouloir parler du « discipolat » dans les églises d'aujourd'hui parait inutile. En effet, si nous fixons notre attention sur leurs organisations : administrative, socio-anthropologique, missionnaire et spirituelle, ce petit mot, si important, semble d'une part devenir familier et banal, et de l'autre part, il est tout simplement oublié. Et pourtant, « faire de toutes les nations des disciples » de Matthieu 28.19 est une urgence pour toutes les générations jusqu'à l'avènement du Seigneur Jésus-Christ. L'apôtre Pierre en fixe le curseur sur les verbes « attendre » et « hâter » pour démontrer combien est imminent l'avènement du jour de Dieu : « tandis que vous attendez et hâtez l'avènement du jour de Dieu, à cause duquel les cieux enflammés se dissoudront et les éléments embrasés se fondront! » (2 P 3.12)
L'apôtre Paul parle de l'attente de la bienheureuse espérance, et de la manifestation de la gloire du grand Dieu et de notre Sauveur Jésus-Christ : « en attendant la bienheureuse espérance, et la manifestation de la gloire du grand Dieu et de notre Sauveur Jésus Christ », (Tt 2.13).

Jésus-Christ a rassuré ses disciples en certifiant que : « Je vais vous préparer une place. Et, lorsque je m'en serai allé, et que je vous aurai préparé une place, je reviendrai, et je vous prendrai avec moi, afin que là où je suis vous y soyez aussi. » (Jn 14.2-3)
Le retour de Jésus-Christ est un événement, une urgence et une priorité qui nous contraignent de nous préparer et véritablement hâter ce retour imminent.

La seule et la meilleure façon pour l'Eglise de se préparer pour hâter ce grand jour, afin que nous puissions dire avec l'apôtre Jean : « Et l'Esprit et l'épouse disent: Viens. Et que celui qui entend dise: Viens. » (Ap 22.17) C'est de nous apprêter à faire la volonté du Seigneur Jésus-Christ et de respecter son grand désir d' « aller et de faire de toutes les nations des disciples ». Aussi faudra-t-il avoir dans nos églises un discipolat qui soit dynamique pour l'exécution de cet ordre suprême, qui soit pour chacun des disciples une obligation morale, intentionnelle, volontaire et spirituelle. Ce qui sera une dynamique de croissance continue et équilibrée, selon le commandement et le modèle du Seigneur Jésus-Christ.

En effet, le choix du mot « discipolat » dans ce mémoire, exprime fortement le souci de nous mobiliser et de mobiliser un plus grand nombre encore à revenir aux principes fondamentaux de l'Eglise et du Seigneur Jésus-Christ, à savoir : la mission, l'évangélisation, la formation et les implantations des églises. Le docteur Charles Van Engen, en citant David A. Roozen, William McKinney et Jackson W. Carroll, met l'emphase sur le rôle vital des églises locales dans la mission de l'Eglise corps de Christ dans le monde :

> *Le plus évident est sans doute le rôle que jouent les assemblées pour fournir à leurs membres et participants des moyens de subsistance. Aucune autre institution sociale n'a joué historiquement un rôle plus important pour offrir à ses membres une raison d'être et l'occasion de voir leur propre existence en rapport avec une source et un but qui transcendent la vie de tous les jours. Grâce à des activités telles que l'adoration collective, le soin pastoral et les programmes éducatifs, les assemblées offrent une présence visible à leurs membres et à leurs communautés.*[59] [*sic*]

Car, dit-il encore, en citant Jürgen Moltmann, que « l'assemblée locale est l'avenir de l'Église. »[60] [*sic*] Car c'est d'elle que sortiront les membres du corps de Christ, l'Eglise. Tandis que pour Newbigin, l'assemblée locale est l'« herméneutique de l'Évangile. »[61] [*sic*] C'est une évidence que de savoir que l'église locale ou l'assemblée locale est la base constituante de l'Eglise corps de Christ. C'est par elle que le monde verra la lumière par le moyen de l'évangile.

Dans son explication, Newbigin se pose la question concernant l'assemblée en tant qu'herméneutique de l'Évangile. C'est alors qu'il donne la voie de la concrétisation de cette pensée. Cette explication vaut la peine, car elle donne la lumière sur le surnaturel :

---

[59]Charles Van Engen, 14-15.
[60]Ibid.
[61]Ibid., 15.

> "Comment est-il possible que l'Évangile puisse être crédible, que les gens en viennent à croire que la puissance qui a le dernier mot dans les affaires humaines est représentée par un homme pendu à une croix ? Je suggère que la seule et unique réponse, la seule herméneutique de l'Évangile, c'est une assemblée d'hommes et de femmes qui y croient et qui vivent par lui."[62] [*sic*]

Le docteur Charles Van Engen explicite la pensée de Newbigin en considérant la nature même de l'Eglise : « En d'autres termes, c'est précisément parce qu'elle fait partie de l'*Église* universelle que l'assemblée locale est en *mission* et, à mesure qu'elle vit sa *nature missionnaire*, l'assemblée locale émerge pour devenir l'Église. »[63] [*sic*]

Ainsi, à cause de la chaleur du feu qui brûle dans notre cœur, comme l'exprime le psalmiste : « Le zèle de ta maison me dévore » (Ps 69.9), le verbe « aller » selon Matthieu 28.19 devient pratiquement le lot de nos cœurs, c'est-à-dire, une nouvelle attitude que nous devons désormais développer comme raison de notre existence. C'est comme les disciples sur le chemin d'Emmaüs se disaient l'un à l'autre : « Notre cœur ne brûlait-il pas au-dedans de nous, lorsqu'il nous parlait en chemin et nous expliquait les Ecritures ? » (Lc 24.32)
C'est donc l'une des multiples raisons nous ayant poussé à prendre conscience, tant pour nous-mêmes que pour d'autres chrétiens, d'activer notre motivation à la missio Dei, comme d'un principe « "pré-paradigmatique" »[64]. [*sic*]

Thomas Kuhn considère ce principe « pour décrire un domaine d'étude ou une discipline académique qui n'a pas encore développé un paradigme-une compréhension, un cadre, ou un concept dominant et largement accepté, qui sert à guider toute pensée et toute pratique. »[65] C'est par intention que nous voulons cette formation des disciples soit d'une approche personnalisée selon que chaque formateur sera conduit par le Saint-Esprit pendant la formation. D'où le mot dynamique prend forme et place dans nos églises.

---

[62]Ibid.
[63]Ibid.
[64]Robert W. Pazmiño, 5.
[65]Ibid.

Dans l'Ancien Testament

Se passer de l'Ancien Testament pour parler du « discipolat » serait un non-sens. Car le Nouveau Testament n'est rien d'autre que l'accomplissement de l'Ancien Testament, « une continuité unissant les deux testaments. »[66] La considération de la formation sur base du saint livre doit être inclusive, quant à l'Ancien et le Nouveau Testament. L'exclusion de l'Ancien Testament en faveur du Nouveau Testament constitue un déséquilibre dans les enseignements bibliques et dans la vie de la communauté de foi.

Ce fut le cas de la mission en Chine, où les missionnaires n'ont pu utiliser que le Nouveau Testament, ce qui avait dénoté les faiblesses dans la mission.

Arthur Glasser le souligne clairement que :

> *L'erreur réelle dans le mouvement missionnaire était son utilisation inappropriée de la parole de Dieu. Il n'a pris au sérieux qu'une partie de la Bible, le Nouveau Testament et les Psaumes... Non seulement la Bible contient la mission évangélique du Nouveau Testament mais aussi l'appel de Dieu pour assumer la tâche culturelle : un courant d'obligations qui traverse l'Ancien Testament et le Nouveau Testament. Alors que le Nouveau Testament se focalise principalement sur l'individu en relation avec Dieu, l'Ancien Testament met l'accent sur ses relations sociales (la famille, la communauté et l'état). Au Sinaï, Dieu a donné à son peuple un style de vie, à la fois égalitaire et humain.*[67] [*sic*]

Robert W. Pazmiño aussi le fait remarquer que : « Dans l'absolu, Dieu est l'enseignant de l'éducation biblique. Dieu est l'auteur et le révélateur de toute vérité, et les enseignants aussi bien que les élèves sont soumis à cette vérité. »[68] Autrement dit, il n'y a rien sans la Bible. Car c'est elle qui exprime la pensée et la volonté de Dieu en toute chose et dans tous les domaines de la vie humaine, et en particulier celle de la communauté de foi.

Ainsi, le caractère important de l'environnement familial, sociétal et cultuel d'une formation soutenue, d'une éducation et d'une instruction d'un enfant doit être prise en compte. « Cette vérité peut être communiquée de diverses manières, toujours en incluant une

---

[66]William Dyrness, *Théologie de l'Ancien Testament. Une approche thématique* (Longueuil, Québec, Canada : Editions Ministères Multilingues, 2001), 7.

[67]Ibid., 8.

[68]Robert W. Pazmiño, 12.

dimension sociale. Une relation d'amour, de confiance, d'ouverture, d'honnêteté, d'acceptation, de prévenance, se [*sic*] soutien, de pardon, de correction, et d'affirmation doit caractériser les interactions entre les enseignants et les élèves. »[69]

Kuert souligne :

> Malgré l'importance du développement des synagogues et, plus tard, des écoles, les maisons restaient le lieu d'instruction religieuse principal pour les enfants. L'adaptation à la vie en société et le processus d'apprentissage se complètent naturellement dans le cadre de la famille. C'est à la maison que l'apprentissage se fait spontanément, à des moments où les enfants sont particulièrement prêts à apprendre. Ainsi, le programme pédagogique d'Israël était l'implication totale. Chaque aspect de la vie à la maison et dans la société avait une signification religieuse.[70]

L'Ancien Testament est considéré comme l'une de bases de l'éducation chrétienne qui nous fournit une grande variété de modèles historiques et communautaires. Il nous ouvre un large spectre sur la nature de l'enseignement et de l'apprentissage au sein d'une communauté de foi. Le travail de l'éducateur Matías Preiswerk [*sic*] sur l'éducation dans l'Ancien Testament, nous fixe un regard sur les agents de l'éducation. Ces agents éducateurs sont, en effet : « les prophètes, les sacrificateurs et les lévites, les sages, les scribes et les rabbins, à côté le peuple lui-même en tant que nation. Chaque agent de l'éducation avait distinctement un but, un contenu, une méthode, et une expression institutionnelle. »[71]

Merrill C. Tenney et ses compagnons considèrent que :

> *La vie quotidienne dans les temps* [*sic*] bibliques présente les résultats des plus récentes découvertes bibliques et archéologiques relatives à la vie et aux coutumes quotidiennes des peuples de la Bible. La législation, les coutumes et les habitudes des gens à cette époque-là étaient très différentes des nôtres. Ainsi, si nous pouvons comprendre ces différences, nous nous ferons une image plus correcte des nombreux événements mentionnés dans les Ecritures.[72]

Ces érudits nous orientent à comprendre que par les lois, les coutumes et les habitudes des personnages de la Bible, autrement par les écrits de l'Ancien Testament : « Nous découvrons

---

[69]Ibid.

[70]Bill Kuert, 19.

[71]Robert W. Pazmiño, 10.

[72]Merrill C. Tenney et les autres, *La vie quotidienne dans les temps bibliques* (Miami, Floride : Editions Vida, 1984), 3.

la signification des aspects de la vie d'Israël, ainsi que leur sens pour les temps actuels. »[73] Merrill C. Tenney et ses compagnons considèrent la famille comme étant la première structure sociale créée par Dieu : « La famille est la première structure sociale que Dieu a créée. Il a formé la première famille en unissant Adam et Eve comme mari et femme (Genèse 2 :18-24). L'homme et la femme devinrent le noyau de la cellule familiale. »[74] [*sic*]

Le père et la mère avaient une place prépondérante dans la formation de l'enfant juif, conformément à la loi de Moïse prescrite dans Deutéronome 6.7-9 :

« Le père juif était aussi chef spirituel de la famille et y assumait les fonctions de prêtre (cf. Genèse 12:8, Job 1:5). Il devait diriger sa famille dans l'observance des rites religieux tels que la Pâque (Exode 12:3). Avec son épouse, le père devait "instruire l'enfant selon la voie qu'il doit suivre" (Proverbes 22:6). Il fallait qu'il enseigne à ses enfants toute la loi écrite. »[75] [*sic*] La considération de l'Ancien Testament, comme base incontournable des données, est en soi une large ouverture des matières de l'éducation. Robert W. Pazmiño considère qu' « il est instructif de considérer les emphases particulières de portions majeurs de l'Écriture hébraïque, ou l'Ancien Testament. Le livre de Deutéronome met l'accent sur le fait de transmettre le contenu élémentaire et les normes essentielles en vue de la vie de la communauté de foi. »[76] [*sic*]

Walter Brueggmann[77] identifie quatre composants du canon de l'Ancien Testament qui influencent étroitement la vie de toute une nation. Le premier composant, c'est l'ethos de la Torah qui est la révélation de ce qui est contraignant pour la communauté de foi. Le deuxième est le logos qui est le discernement de la sagesse pratique pour la vie. Elle fournit du sens et de l'ordre. Le pathos, comme élément provocateur du bouleversement de la vie de la communauté de foi ou de la nation pour rendre service à la justice et à la droiture, complète

---

[73]Ibid., 4.
[74]Ibid., 6.
[75]Ibid.
[76]Robert W. Pazmiño, 11.
[77]Ibid.

le troisième. Et le quatrième, c'est la doxologie, qui donne la place à la louange et à la joie. Elle dénote le fait que Dieu étreint les croyants et les croyants étreignent Dieu.

Chacune de ces péricopes de l'Ancien Testament demeure instructive dans la philosophie pragmatique de la pédagogique ecclésiale en œuvre dans les contextes contemporains. William Dyrness renchérit sur la loi en disant : « Le mot principal qui désigne la loi, *tôrâh*, est utilisé 220 fois et vient du terme *yarâh* qui signifie "diriger, enseigner, ou instruire". Le sens premier est "instruction". »[78] [*sic*] Ceci montre l'importance de la loi dans la vie de la communauté de la foi ou du peuple de Dieu.

William Dyrness continue sa réflexion pour annexer la loi avec l'alliance. En ce sens que : « La loi est une expression de l'alliance et elle lui est annexée. Cela veut dire que la loi exprime les caractéristiques de la vie dans l'alliance. Le don de la loi fait partir du don de Dieu lui-même à son peuple au travers de l'alliance et exprime les mêmes objectifs d'amour (voir Ex.19.5-6). »[79] [*sic*]

Ainsi, tous les commandements de Dieu doivent commuter à l'expression concrète des caractéristiques de la relation de Dieu avec son peuple.

Quant à la portée de la loi :

> Une bonne compréhension de la loi conduit l'individu à se rendre compte que toute sa vie repose sur la volonté dominante de Dieu, que l'on se lève le matin, que l'on soit assis en train de manger, que l'on marche dans la rue ou que l'on soit sur le point de se coucher, que l'on soit préoccupé par la vie sociale ou cultuelle, à son travail ou chez soi, rien n'échappe au domaine de la loi.[80]

Le peuple devrait avoir fondamentalement du respect pour la loi. Mais selon Dyrness :

> Le profond motif concernant le respect de la loi doit provenir du cœur, d'une décision intime et personnelle. "Choisissez aujourd'hui", affirma Josué en s'adressant au peuple à Sichem (Jos.24.15). La contrainte externe ne serait jamais suffisante et ne satisferait pas les desseins de Dieu. Comme Christ l'explique dans le NT, toute la loi peut être résumée dans le fait d'aimer Dieu (Deut. 6.5 et Mt. 22.37). Enfin, lorsqu'il s'agit d'énoncer ce qui est demandé aux individus dans la communauté, toute la loi

---

[78]William Dyrness, 121.
[79]Ibid.
[80]Ibid., 130-131.

peut être résumée dans le fait d'aimer son prochain comme soi-même (Lév. 19.18).[81] [*sic*]

Du respect de la loi émane la piété. Selon Dyrness[82], il y a trois expressions caractéristiques qui enrobent cette piété. C'est en effet la louange à Dieu, la prière et la gloire de Dieu. Cependant, le fondement de l'éthique dans l'Ancien Testament se construit sur les bases du culte et de la piété, se développant ensemble à partir de la relation de l'alliance qui est définie dans la loi.

Modèle de Jéthro

Dans l'Exode 18.13-24, Jéthro, sacrificateur de Madian, beau-père de Moïse, l'instruisit dans un leadership équilibré, afin que tout le peuple ne puisse pas rater sa destinée promise par Dieu et y parvenir heureusement. En effet, Jéthro esquisse son enseignement à Moïse sur six volets importants qui visent une formation sans précédent d'un disciple accompli. Il l'instruit avec admonestation en ces termes.

En premier lieu, l'Ecriture introduit : « Ecoute maintenant ma voix » (v.19). En effet, le modèle du sacrificateur de Madian n'est pas loin du modèle de Deutéronome 6.4 : « Ecoute Israël ! » Le verbe « écouter » ou « entendre », du grec : « ἀκούω »[83] (akoúo) oblige le récepteur à l'action, pendant que l'émetteur attend du récepteur une réaction. Notons qu'il y a plusieurs interférences et modèles dans la communication. C'est ce qui fait que la restitution de l'information ne soit pas souvent fidèle. Il faudrait une attention très soutenue pour être fidèle dans la réponse à un appel. Le révérend Don Corbin[84] nous propose quelques modèles de communications que nous tirons dans ses notes de cours. Tandis que le verbe « ὑπακούω »[85] (hupakoúo), qui a la même racine que le verbe akoúo, veut dire : « écouter en

---

[81]Ibid., 131-132.
[82]Ibid., 159-164, 167.
[83]Anatole Bailly, 63.
[84]Don Corbin, *Modèles de la communication interculturelle* (Lomé, Togo : Faculté de Théologie des Assemblées de Dieu, 2013), 9-22.
[85]Anatole Bailly, 1992.

abaissant la tête, prêter l'oreille... *en gén. en parl. d'une pers. qui prête l'oreille pour écouter et répondre...* obéir à qqn, être soumis à qqn... se conformer à l'intérêt de qqn ... »[86] [*sic*]

La retombée normale de l'ordre intimée dans Dt 6.4 insinue un respect qui conduit à l'obéissance et à la soumission volontaire. Ces deux dernières constituent le fort d'un disciple accompli, fidèle et qui soit capable d'une restitution fidèle aux autres (2 Tm 2.2).

En deuxième lieu : « Enseigne-leur les ordonnances et les lois, et fais-leur connaitre le chemin qu'ils doivent suivre, et ce qu'ils doivent faire » (v.20). Le verbe « « διδάσκω»[87] (enseigner, instruire, apprendre) nous fournit toute une variante de concepts concernant la formation : enseignement ou leçon (didagma, didagmatos), propre à instruire ou didactique (didaktikos, didaké, didakon), école, doctrine ou enseignement, honoraires d'un maître (didaskaleîon, didaskaleîou), instruction (didaskalia, didaskalias), qui concerne l'enseignement, capable d'enseigner, apte à instruire (didaskalikos, didaskaliké, didaskalikon), les discours, c.à d. [*sic*] les enseignements des maîtres (didaskalogoi), l'art d'enseigner (didaskatopos), celui ou celle qui enseigne ; maître, précepteur (didaskalos, didaskalou).

Cette ouverture sur l'impératif « enseigne-leurs » que Jéthro (le maître, l'enseignant, l'instructeur) oriente vers Moïse (l'apprenant, le disciple), constitue un transfert important de capacités de Jéthro à Moïse. Ce dernier devra être capable de refléter le modèle son maître et de devenir un parfait maître, qui soit capable d'application et de transmission au peuple une dynamique qui le maintiendra utile et agréable à Dieu. C'est la réponse que Dieu attendait de Moïse et de tout le peuple.

En troisième lieu, il intime l'ordre à Moïse de choisir des hommes capables, craignant Dieu, des hommes intègres, ennemis de la cupidité et de les établir(21). Ce verset marche avec 2 Tm 2.2, qui sera exploité dans la rubrique du Nouveau Testament, selon que la Bible se complète par la Bible, qui est un des principes importants de l'herméneutique.

---

[86]Ibid.

[87]Ibid., 500-501.

En quatrième lieu : « Qu'ils jugent le peuple » (22a). C'est la mission après la formation. Cette mission est donc effective, dans la soumission et l'obéissance de l'ordre suprême. En cinquième lieu, après la mission, c'est la restitution fidèle : « Qu'ils portent devant toi toutes les affaires importantes, et prononcent eux-mêmes sur les petites causes » (22b).

Et enfin, c'est le transfert du fardeau qui consiste à se décharger sur les autres dans le sens du discipolat. Ainsi, il dit : « Allège ta charge, et qu'ils la portent avec toi » (22c). Néhémie est un modèle de partage des taches afin de rendre le travail facile à exécuter. C'est un leader qui influence en même temps qu'il forme et informe.

Modèle de Moïse dans la construction du Tabernacle

Sur l'ordre de Dieu, Moïse devrait remplir sa charge, non pas comme un homme-orchestre, mais comme un chef d'orchestre. D'un côté, il établit les Lévites pour le sacerdoce ; de l'autre côté Betsaleel et compagnons pour l'exécution de l'ouvrage, dont il a reçu la vision sur la montagne (Ex 25 ; 31.1-6). Moïse, dans l'exécution de l'ouvrage, a su suivre le modèle qu'il a reçu sur la montagne, le modèle que Dieu lui a montré. Il est le disciple par excellence de Dieu.

La Torah toute entière parle de l'organisation du peuple d'Israël. Et particulièrement, le livre de Deutéronome est celui qui apparaît comme soulignant les normes que la communauté de foi doit suivre et enseigner aux générations émergentes. Dans Deutéronome 6.1-2, 6-9 :

> On présente Moïse en train d'exhorter le peuple d'Israël à se rappeler les actions de Dieu dans son histoire, à enseigner les commandements de Dieu, et, surtout, à aimer, craindre, et servir Dieu. L'enseignement de Moïse appela la communauté croyante à lier leur foi en Dieu à l'ensemble de la vie. Le mandat pédagogique de Deutéronome 6.4-9 exige de transmettre les commandements de Dieu à la

génération suivante. Son but ultime est d'encourager l'amour pour Dieu exprimé dans la loyauté et l'obéissance.[88]

Dans le contexte de la vie des juifs, l'éducation passait par la socialisation, ce qui veut dire une éducation qui rend capable de vivre dans une société donnée, capable de satisfaire les exigences d'une communauté. Les parents étaient les premiers éducateurs de leurs enfants dans le contexte de la société juive : « Deutéronome se concentre donc sur ce rôle fondamental. Mais cette perspective a des implications pour d'autres relations pédagogiques au-delà du foyer, comme ce fut le cas dans les écoles de la synagogue postexilique. »[89] Le contenu de l'éducation biblique dans Deutéronome 6, lequel relié de manière vitale à l'ensemble de la vie, était l'essentiel que Moïse avait la responsabilité d'enseigner, afin que la vérité soit intégrée à l'ensemble de la vie, enfin d'influencer l'existence quotidienne du peuple de Dieu. C'est pour cela que Robert W. Pazmiño considère ce contenu de fondamental, comme il l'énonce :

> Ce contenu est à la fois fondamental et radical. Il est fondamental dans le sens où il fournit la vérité et la structure de base sur lesquelles toute autre chose doit être bâtie. Il est radical dans le sens où il fournit les racines à partir desquelles tout [*sic*] la vie est nourrie et affectée. Ainsi la stabilité aussi bien que la croissance sont assurée [*sic*] tant que le contenu de l'éducation est basé sur la révélation divine.[90]

Dans le cadre d'un discipolat dynamique de l'Ancien Testament, l'éducation était planifiée dans le but de l'application. Elle devrait aussi être soumise à l'évaluation sous une expertise pédagogique. C'est ce qui se confirme par l'assertion citée de William Dyrness que : « L'éducation implique une planification, une mise en œuvre, et une évaluation consciente des expériences pédagogiques. »[91] D'autre part, Lawrence O. Richards, dans sa conception des aspects non formels et informels de l'éducation, s'appuie fortement sur un modèle

[88]William Dyrness, 11-12.
[89]Ibid., 13.
[90]Ibid.
[91]Ibid., 14.

pédagogique, qui est « un modèle de socialisation et d'enculturation dans l'éducation, qui se concentre sur l'éducation pour la vie. »[92]

L'enseignement de l'Ancien Testament comprenait l'instruction et l'admonestation. En fait, enseigner avec admonestation consiste tout simplement en une sévère réprimande faite à quelqu'un, sans condamner, mais en avertissant de ne pas recommencer. C'est pour cela que Pazmiño énonce son but qui ne contredit pas l'admonestation éducative. En effet :

> Le but de l'éducation dans les récits de l'Ancien Testament était de conduire les gens à la sainteté et à la transformation. La Torah servait à révéler les exigences de Dieu ou ses attentes. Les gens devaient être formés selon les voies mêmes de Dieu, et le centre d'intérêt était le caractère et la sagesse de Dieu qui devaient guider l'action morale. On devait vivre selon la loi ; l'obéissance était une réponse fidèle à l'éducation.[93]

Le livre de Deutéronome étant la base de l'éducation de la communauté de foi à l'époque juive de l'Ancien Testament, il est aussi considéré comme sous bassement de l'éducation chrétienne. C'est pourquoi ce livre est appelé, à juste titre, par Wenham « le pilier de l'Ancien Testament. »[94]

Etant le pilier, le livre de Deutéronome 6 constitue in facto le « Shema »[95] du peuple Juif. C'est ce qui est la grande confession de la foi qui soit fondamentale en Israël. Moïse incite le peuple de Dieu là-dessus : « Ecoute, Israël! L'Eternel, notre Dieu, est le seul Éternel. » (Dt 6.4) Il fallait que tout le monde en Israël soit informé, formé et disposé à connaître le seul vrai Dieu, l'aimer, l'adorer et le servir. Cette condition s'avérait dynamique et incontournable pour tous, y compris les gens de la maison, quoique n'étant pas d'Israël.

---

[92]Ibid.

[93]Ibid., 118.

[94]Tremper Longman et Roger B. Dillard, *Introduction à l'Ancien Testament* (Charols, France: Editions Excelsis, 2008), 89.

[95]Ibid., 105.

Le modèle de Néhémie

Néhémie était un homme très sensible aux affaires de Dieu, un homme d'actions, homme des prières : « Lorsque j'entendis ces choses, je m'assis, je pleurai, et je fus plusieurs jours dans la désolation. Je jeûnai et je priai devant le Dieu des cieux. » (Neh 1.4)

H. R. [*sic*] a commenté sur ce verset en ce sens : « Lorsqu'il entendit ces choses, Néhémie, comme Esdras, comme tous les hommes de Dieu dans les jours de ruine, s'humilie profondément. »[96] Ce modèle démontre un certain dynamisme dans le chef du leadership de Néhémie, non pas seulement il est prompt aux injonctions du Saint-Esprit, mais il est capable et sensible de l'appel et de l'exécution de la volonté de Dieu.

Le modèle de Néhémie est digne d'être imité dans le cadre du discipolat en ce sens qu'il a poussé le peuple d'Israël tout entier à se séparer de tout ce qui n'était pas Juifs. Le peuple devait se distinguer du milieu des païens. Autrement dit, le peuple de Dieu devrait se sanctifier davantage pour demeurer et marcher avec son Dieu. C'était une caractéristique essentielle du peuple en dépit du relâchement de quelques-uns. C'est ce qu'explique H. R. en esquissant en quelques mots l'objet principal du livre de Néhémie, en disant : « Un des caractères dominant du livre de Néhémie est que la séparation de ce qui n'était pas Juif y est soigneusement affirmé et maintenu, en dépit des principes relâchés de quelques-uns. »[97] Son leadership a influencé sa génération toute entière, et qui l'a poussée à un mot d'ordre : « Levons-nous et bâtissons » (Neh 2.17-18). Et tout le peuple avait obtempéré et obéit à l'ordre comme un seul homme.

Dans son commentaire, H. R. attribue la victoire de Néhémie à la double action, tant de sa foi et qu'au Saint-Esprit, quand il dit que c'est « sous l'impulsion d'un homme de foi,

---

[96]H. R., *Méditations sur le Livre de Néhémie* (Vevey, Suisse : Editions Bibles et Traités Chrétiens, 1981), 6.

[97]Ibid., 13.

ou plutôt sous l'action énergique du Saint-Esprit qui parlait par cet homme, grands et petits se sont levés et montrent beaucoup de cœur pour entreprendre l'ouvrage. »[98]

Néhémie était animé d'un zèle irréprochable, qui typifie le zèle du Seigneur Jésus-Christ. Son objectif principal était d'accomplir l'œuvre. Il était digne qu'on puisse dire de Néhémie ce qui fut de Jésus-Christ par Jean Baptiste : « On peut dire de Néhémie ce qui fut dit d'un plus grand que lui, dont il n'est pas digne de délier la courroie des sandales : "Le zèle de ta maison m'a dévoré". Lui aussi, comme le divin maître, sait faire un fouet de cordes pour chasser du temple les vendeurs et ceux qui avaient profané la sacrificature. »[99]

Un tel zèle est nécessaire et digne de modèle pour des temps modernes, où nous vivons déjà l'influence du temps de la fin. C'est en vue de l'œuvre de l'Eternel qui doit prospérer dans nos mains comme l'avait prophétisé Esaïe concernant la passion de Christ : « Il verra une postérité et prolongera ses jours; Et l'œuvre de l'Éternel prospérera entre ses mains. » (Es 53.10b). En effet, le zèle de Néhémie était un zèle constructif, capable de dénoncer le mal, bon gré mal gré. H. R. parle d'un zèle ardent contre le mal que pour le bien : « Il querelle les nobles et les chefs qui pressurent leurs frères et donne personnellement l'exemple de l'abnégation, car le zèle sans renoncement à soi-même est de peu de valeur. Il est à la tête de ceux qui scellent l'alliance, et s'y soumet fidèlement. »[100]

De son côté, Trempler Longman et Raymond B. Dillard font voir l'importance de la théologie vétérotestamentaire dans le cadre d'un leadership d'épanouissement. La théologie de l'Ancien Testament ne pourra pas être possible de subordonner toute la révélation divine en un seul thème selon le point de vue de Trempler Longman et Raymond Dillard qui dit :

> Il ne paraît pas possible de subordonner toute la révélation biblique à un seul thème. La littérature de sagesse est plus récalcitrante. En conséquence, les spécialistes en théologie de l'Ancien Testament ont mis en doute l'existence d'un point central. La réaction la plus constructive à cette situation est venue de ceux qui affirment l'unité organique de la révélation biblique, mais qui lui reconnaissent aussi une authentique

[98]Ibid., 17.
[99]Ibid., 92.
[100]Ibid., 90.

diversité. Paythress parle à propos de cette approche de "perspective multiple". Ce genre d'approche de la théologie biblique est plus conforme à la nature riche et subtile de la révélation biblique.[101]

Ce zèle était si important pendant cette période d'Esdras et de Néhémie, qui était une période si délicate et déterminante à la reconstruction du temple et de la muraille pour toute la nation d'Israël. Car Israël était sans protection pendant la période postexilique jusqu'à l'œuvre de Néhémie. Ainsi est-il mentionné : « Ces livres décrivent une période de transition. Comme Eskenazi le fait remarquer, c'est un temps où l'élite gouvernante est remplacée par la communauté, où ce n'est plus seulement le Temple mais la ville entière qui devient terre sainte, et où les documents écrits l'emportent en autorité sur le discours oral. »[102]
C'est véritablement une période où il fallait un homme qu'il faut à la place qu'il faut, afin que l'ordre des Ecritures soit remis à être observé et que la pyramide du leadership se transforme en la volonté de Dieu. C'est ce qui est d'un grand avantage pour la nation toute entière : « La période d'Esdras et de Néhémie fut celle d'une transition : d'un de chefs prestigieux, de stricte sainteté et d'autorité orale à un temps de communauté, de sainteté contagieuse et d'autorité écrite. Adoptant le langage de Hegel, elle note le passage d'un âge poétique à un âge prosaïque. »[103]
Les écrits de Néhémie sont un modèle de la dynamique d'un leadership digne d'un flirt directoire, comme le mentionne Cyril J. Barber, dans son intitulé : « Néhémie *ou l'art de diriger.* »[104] [*sic*] C'est effectivement un homme qui avait de la dextérité à mobiliser le peuple pour une cause commune.

Par le livre de Néhémie, nous trouvons également le modèle de la gestion de la vie quotidienne du peuple. Il nous démontre comment résoudre les problèmes des cadres moyens, comment faire face à l'opposition, comment nous comporter dans un nouveau poste, comment

---

[101]Trempler Longman et Raymond B. Dillard, 25.
[102]Ibid., 186.
[103]Ibid., 194.
[104]Cyril J. Barber, *Néhémie ou l'art de diriger* (Miami, Florida: Editions Vida, 1989), page de couverture arrière.

nous comporter dans les situations difficiles et délicates, et quelle est l'importance et la valeur pratique des convictions religieuses pour une administration efficace. C'est ce que H. R nous laisse comme leçon : « *Néhémie peut vous aider à réussir dans votre travail !* »[105] [*sic*] N'est-ce pas un modèle à suivre !

Néhémie nous instruit encore sur la dynamique des relations interpersonnelles, en unissant le peuple et être capable de l'incité à l'ouvrage. En considérant Né 2.1-8, H.R. décèle le caractère spécial du leadership de Néhémie pour maintenir le peuple à l'unité, quand il dit : « Néhémie a uni le peuple et l'a incité à l'accomplissement d'une tache pratiquement impossible à réaliser. »[106]

Les trois parties du livre de Néhémie nous offrent trois principes fondamentaux du leadership.[107] Il s'agit des principes de la direction efficace (du chapitre 1 au chapitre 7), du réveil spirituel (du chapitre 8 au chapitre 10) et de la bonne administration (du chapitre 11 au chapitre 13). Ces principes ne sont-ils pas ceux qui nous régissent encore de nos jours !

Concernant les relations interpersonnelles, Néhémie met en corrélation le cadre supérieur (le maître ou le patron ou le modèle), le cadre moyen (le disciple, l'apprenant) et le peuple (la foule) : « Un cadre moyen doit pouvoir traduire les objectifs de ses supérieurs en résultats concrets et en même temps motiver ses subordonnées. Il doit garder les objectifs de la société en tête, tout en encourageant les employés à accomplir leurs buts personnels. »[108]

Une coordination adéquate de l'ensemble des activités constitue un fondement de toute direction efficace et dynamique.

Pour B. C. Forbes le succès est épelé comme : « t-r-a-v-a-i-l d'é-q-u-i-p-e ».[109] En conséquence utile, Dieu le modèle des travailleurs nous a montré que sur sept jours de la semaine, six sont réservés au travail et le septième au repos. L'apôtre Paul revient à la charge

[105]Ibid., 11.
[106]Ibid.
[107]Ibid., 12.
[108]Ibid., 23.
[109]Ibid., 44.

en ce qui concerne le travail : « Il faut que le laboureur travaille avant de recueillir les fruits » (2 Tm 2.6) Par le travail, l'on peut acquérir la prospérité. En effet, dit-il : « Si l'ensemble prospère, le travailleur individuel en tant que membre actif, efficace et en progrès, prospérera avec lui. »[110]

Qui veut la prospérité recherche la formation. En effet, la formation est à la base de toute stabilité de la société. C'est encore ici un des aspects de la croissance dynamique que Cyril J. Barber, en composant avec William T. Hocking et Robert M. Wald, ont souligné en fait que : « Pour réussir, le cadre supérieur devra être formé en tant qu'expert en relations humaines et dans l'art de diriger, qu'il soit arrivé à son poste par la voie de l'administration ou par la filière technique. Il devra établir des plans à long comme à court terme et pouvoir les mener à bien. »[111]

La réussite sans compter sur Dieu est un succès fondé sur le néant. La dépendance à Dieu est obligatoire. Tout doit être fondé sur la base de la prière, celle-ci étant primordiale pour le maintien de la bonne santé spirituelle, morale, physique et matérielle. Elle est le fondement de la confiance tant en Dieu qu'en soi-même. Ayant compris ce fondement, Néhémie, avait pris conscience de l'effectivité de la fidélité de Dieu. En cela, B. C. Forbes retrace l'importance de la prière en disant : « La prière a maints effets bénéfiques. Non seulement elle nous permet d'exprimer nos sentiments, mais elle nous donne également la possibilité de parler à Dieu de ce qui nous intéresse et de voir nos problèmes sous un nouvel angle. »[112]

La considération des écrits vétérotestamentaires dans le rôle du discipolat dans l'Eglise moderne est, sans contredit, une fondation non pas moindre dans la formation et l'éthique d'un discipolat en gage du respect des paroles testamentaires, constituant ainsi les dernières volontés du Seigneur Jésus-Christ. Les églises contemporaines doivent à son

[110]Ibid.
[111]Ibid., 50.
[112]Ibid., 56.

héritage vétérotestamentaire, sachant que l'église néotestamentaire a été fondée de l'Ancien Testament par des juifs : « Les premiers prédicateurs chrétiens étaient Juifs. La Bible de l'église primitive était l'Ancien Testament hébreu. Dans l'église primitive, l'adoration était calquée sur celle de la synagogue. Les premiers chrétiens ont compris leur responsabilité de former les membres de l'église comme eux-mêmes l'avaient été. »[113] C'est le discipolat en action dès l'église primitive, ayant gardé jalousement et pieusement les pensées du Maître, le Seigneur Jésus-Christ.

La loi de Moïse, fondue dans l'Ancien Testament, était conçue pour le bien-être du peuple. Wyclif dans sa traduction de la version anglaise de la Bible (la traduction littérale) considère la Bible comme la constitution pour le gouvernement du peuple. Il le confirme en ces termes :

> Cette Bible est pour le gouvernement du peuple, par le peuple et pour le peuple. Sa déclaration n'a attiré aucune attention dans son emphase de la centralité de la loi biblique concernée. Cette loi devrait être la loi de Dieu qui était acceptée par tous ; Le point de départ pour Wyclif d'accepter cette opinion était que le peuple lui-même devrait non seulement lire et connaître cette loi mais aussi devrait gouverner comme il se doit dans une certaine mesure se laisser gouverner par elle.[114]

La loi de Moïse, tout comme l'ensemble de l'Ancien Testament avait sa place dans la vie du peuple, dans ses relations familiale et sociétale, aussi bien que dans le gouvernement du peuple dans son attachement à Dieu. Elle régissait les individus, les familles, le peuple, la société et même le culte. Elle jouait le rôle de rapprochement de l'humain et du divin, une association d'attente et de réconciliation, de paix quand le peuple s'éloignait de Dieu. Jésus-Christ, après sa résurrection, en avait fait mention lors de sa rencontre avec les disciples sur le chemin d'Emmaüs, en parlant de lui-même en ces mots : « Puis il leur dit: C'est là ce que je vous disais lorsque j'étais encore avec vous, qu'il fallait que s'accomplît tout ce qui est écrit de moi dans la loi de Moïse, dans les prophètes, et dans les psaumes. » (Lc 24.44)

---

[113]Bill Kuert, 16.

[114]Rousas John Rushdoony, *The Institutes of Biblical Law* (USA: The Craig Press, 1973), 1.

Et encore, Luc explique le comportement de Jésus face aux disciples sans intelligence et dont le cœur est lent à comprendre tout ce qu'ont dit les prophètes (Lc 24.25) : « Et, commençant par Moïse et par tous les prophètes, il leur expliqua dans toutes les Écritures ce qui le concernait. » (Lc 24.27)

Quant à la démarche pour le résultat d'un discipolat efficace dans l'église locale, Robert W. Pazmiño a élaboré un chef d'œuvre que je considère d'un mémorial pour notre génération. C'est aussi une référence incontournable en ce qui concerne la formation des responsables des églises et la formation d'un discipolat efficace en vue de constituer une forte et plus grande armée, celle qui sera composée des disciples digne du Seigneur Jésus, dans le but d'accomplir sa volonté, celle de la grande commission de Matthieu 28.18-20.

Dans le Nouveau Testament

Le modèle Christique

Dans le Nouveau Testament, l'église doit beaucoup à son héritage juif, eu égard à la considération de l'Ancien Testament. Car, fondée par les juifs comme pionniers, et par rapport aux déclarations du Seigneur Jésus-Christ, l'église néotestamentaire est tributaire de l'héritage religieux d'Israël. Bill Kuert parle d'un rappel comme s'il s'était référé à Robert W. Pazmiño en ces faisceaux des mots :

> L'héritage religieux d'Israël est un rappel actuel que nous reconnaissons dans ses deux objectifs principaux d'ordre général : le premier objectif était de remémorer la relation entre Dieu et Israël et ce que Dieu avait fait pour Son [*sic*] peuple dans le passé. Le second était la morale. Il s'agissait d'enseigner comment vivre une vie pieuse et obtenir la faveur de Dieu.[115]

Bill Kuert considère Jésus comme le maître-enseignant, ayant été formé sur le système pédagogique en Ancien Testament. Il confirme son allégation sur Jésus par l'assertion suivante : « Nous avons relevé que Jésus est produit de ce système. Toutefois, comprendre Son arrière-plan scolaire n'est pas suffisant pour expliquer Son unicité, Son message, Ses

---

[115]Robert W. Pazmiño, 16.

qualifications, Ses buts et Ses modèles. Nous devons faire très attention au modèle qu'il a défini. Plus nous suivrons ce modèle fidèlement, plus l'église sera efficace dans sa tâche pédagogique. »[116] [*sic*] Il considère que la communauté de la foi chrétienne est fondé sur les rudiments vétérotestamentaires. Car, dit-il que « l'héritage évangélique a mis l'accent sur la transmission de ces rudiments. Instruction par des moyens traditionnels et agréés ou héritage, cela offre la continuité de génération en génération, en particulier dans les moments de transition et de changement. »[117]

Aussi, sera-t-il plus aisé de prévoir dans l'église néotestamentaire, un cursus de l'enseignement de l'éducation chrétienne, dont le contenu de l'instruction vise un but qui soit Dieu lui-même, révélé en Jésus Christ et la relation entre Christ et l'église, avec une très grande estimation de la saine doctrine. L'attention dans cette éducation chrétienne se focalisera sur les vertus et la vie pieuse des croyants, dans leur relation avec Dieu.

Parlant de Jésus, bien que l'évangile ne nous relate pas grand-chose sur son enfance, il convient de dire que cet homme de Galilée avait bel et bien reçu une éducation juive traditionnelle informelle. Dans ce contexte général, le Shéma faisait partie intégrante de l'instruction en Israël, qui était informelle. En effet, explique Bill Kuert que :

> Le Shéma définit la façon dont Israël *devait* instruire ses enfants. Il souligne l'importance de l'enseignement moral direct, au travers des conversations et de la vie dans les maisons. Selon Josèphe, historien juif né en 37/38 après Jésus-Christ, l'éducation des enfants commençait très tôt, probablement juste après le sevrage (Esaïe 28.9). Le père avait la responsabilité d'enseigner ses fils (Exode 12.26-27 ; Deutéronome 4.9 ; 6.7) et l'éducation des filles revenait à leur mère. L'enseignement commençait tôt le matin, au lever du jour. Les enfants apprenaient à lire et à écrire l'hébreu et à mémoriser l'Ecriture. L'instruction hébraïque était tout à bord religieuse.[118] [*sic*]

Le système éducatif était si complexe qu'on ne le croit à nos jours. C'ainsi que l'éducation chrétienne comportait : « l'instruction informelle à la maison, l'implication totale dans la vie communautaire juive avec l'observation des jours de fête, les pèlerinages à

---

[116]Bill Kuert, *La mission pédagogique de l'église* (Irving, Texas, USA: ICI University Press, 1998), 44.
[117]Robert W. Pazmiño, 11.
[118]Bill Kuert, 18.

Jérusalem et au temple, l'assiduité à la synagogue couplée avec l'école de Nazareth et l'apprentissage du métier de charpentier. »[119]

De ce fait, la Bible nous confirme qu'à l'âge de douze ans, Jésus connaissait bien les Ecritures hébraïques (Lc 2.41-47). C'est ce qui fit qu'il soit lui-même le modèle du disciple, pour faire de lui un excellent Maître par la suite. Notons que : « Jésus a grandi et évolué comme tous les autres garçons (Luc 2.52). En fait, Jésus avait de nombreuses occasions d'étudier la Parole de Dieu et apprendre à reconnaître la voie de Dieu. Il était le disciple par excellence. Plus tard, Il est devenu le Maître par excellence. »[120] [*sic*]

Jésus, le maître-enseignant

Il nous est très difficile de visualiser les activités du maître-enseignant aujourd'hui, si nous ne tenons pas compte de son modèle et du fondement de ce modèle, du fait que le concept ou le système de l'enseignement a beaucoup évolué sous le coup du modernisme et de la mondialisation. Cependant, les recommandations de Jésus ne cessent de nous révéler sa présence, sa personne, ses œuvres et la bonne conduite que nous devons avoir face aux acquis du monde en évolution. Elles nous obligent d'opter pour les Ecritures, qui soient le reflet de la volonté même du Seigneur. C'est ainsi que nous, peuple acquis pour Dieu et saint, étant disciples du Seigneur, resteront qualifiés réellement des « chrétiens » (Ac 11.26). C'est ainsi qu'au travers de nos actes, Christ soit authentiquement visualisé dans notre vie. C'est par les enseignements que ce miracle de la transformation devra s'opérer, comme nous pouvons le comprendre sur le modèle de Christ :

> Pour nous, l'enseignement implique une salle de classe avec un petit groupe d'enfants. La plupart du temps, cependant, Jésus enseignait à l'extérieur et à de grandes foules d'adultes qui L'écoutaient pendant plusieurs jours d'affilée. Christ devait avoir une voix puissante et beaucoup d'endurance pour enseigner autant de personnes pendant si longtemps. Ses élèves n'étaient pas toujours très réceptifs. Quelquefois même, ils étaient hostiles. Mais le plus souvent, ils étaient sceptiques. Et pourtant, Il attirait et

---

[119]Robert W. Pazmiño, 19.
[120]Ibid., 20.

> captivait les multitudes, comme nul autre. C'est l'une des clés de Sa réussite d'enseignant.[121] [*sic*]

Jésus, étant le maître-enseignant, était qualifié, avait un message, des objectifs et des méthodes pour qu'il puisse gagner le pari de sa mission au monde et parmi les hommes sur la terre. Il avait défini son modèle dont nous devons prêter attention, pour qu'à notre tour, nous puissions être efficaces quant à notre tâche pédagogique dans l'Eglise en vue de la dynamique ecclésiale et ecclésiastique selon 2 Tm 2.2. En nous référant à l'évangile selon Matthieu et selon Marc, le thème central du message de Jésus était le royaume de Dieu. Luc, dans les Actes des apôtres au chapitre 1 met l'emphase sur le même message du royaume (Ac 1.3). Cette expression du royaume de Dieu ne fait aucunement mention d'un lieu géographique, mais elle « annonce l'accomplissement des promesses de l'Ancien Testament ; Dieu est sur le point d'agir en sa puissance royale pour le salut des justes et le jugement des méchants – deux thèmes centraux de l'Ancien Testament. »[122] [*sic*]

Le terme royaume définit le règne de Christ le Roi. Christ est venu pour fonder le royaume de Dieu, et il avait focalisé son message sur ce thème principal, qui, selon Ladd, les théologiens modernes s'accordent dans la quasi-totalité. Il dit que :

> Les théologiens modernes s'accordent presque tous à penser que le Royaume de Dieu était au centre de la prédication de Jésus. Marc introduit la mission de Jésus par ces mots : "Après que Jean eut été, Jésus vint en Galilée. Il proclamait l'Évangile de Dieu et disait : "Le temps est accompli, et le Règne de Dieu s'est approché : convertissez-vous et croyez à l'Évangile" (Mc 1.14-15).[123] [*sic*]

Jésus avait donc des qualités et qualifications pour sa tâche. Il était très constant dans son message. C'est ce qui faisait de lui le véritable et le parfait maître-enseignant, digne de toutes références. Son modèle et son exemple doivent à toujours servir d'indicateur pour la stabilité dans l'œuvre missionnaire.

---

[121]Ibid., 42.
[122]Georges E. Ladd, 44.
[123]Ibid., 64.

En effet, en considérant les qualifications qui faisaient de lui le maître-enseignant, le maître enseignant incarné, le modèle de toutes les références en enseignement, en didactique, dans le système de formation qui soit dynamique. Ainsi, Bill Kuert le renchérit en disant que : « Jésus était le maître-enseignant incarné (Jean 1.1, 14). Il savait toutes choses et faisait toutes choses parfaitement. Nous comprenons qu'aucun enseignant ne puisse même essayer d'imiter Sa perfection ; pourtant, Sa vie et Son ministère sont des exemples pour nous guider vers nos objectifs. »[124] [*sic*]

En considérant les qualifications qui faisaient de Jésus-Christ le maître-enseignant, il n'était pas question de sa nature divine obligatoirement. Bill Kuert accepte que ces: « qualifications ne tiennent pas forcément compte de sa divinité. »[125]
Car Jésus s'intéressait aux hommes du monde entier, il faisait preuve d'autorité (Mt 7.28-29), il comprenait la nature humaine et utilisait les Ecritures avec certitude :

> Il a cité au minimum vingt livres de l'Ancien Testament, dont au moins trente-deux citations directes comme Psaumes 110.1 dans Matthieu 22.44. De plus, environ trente-six allusions sont des références indirectes, comme Luc 17.21, 32, et huit autres citations que nous ne pouvons pas relier à un texte vétéro-testamentaire en particulier, comme Jean 17.12. En outre, quarante-cinq passages au moins sont exprimés dans une langage similaire à celui de l'Ancien Testament.[126] [*sic*]

Partant de Jésus, passant par l'église primitive, et par le truchement des apôtres de Jésus, les pères de l'Eglise, les premiers disciples et, l'apôtre Paul lui-même au travers de tous ses écrits : la présence de la conscience de la mission pédagogique de l'église décrite dans Matthieu 28.19 se voyait déjà clairement.

Kuert recourt aux Actes des apôtres pour confirmer cette conscience, comme il le dit que : « Les activités de l'église primitive regroupaient l'enseignement des apôtres, la communion fraternelle, le partage de la sainte cène, la prière et l'entraide (Actes 2.42-47). »[127] [*sic*] Il accentue ainsi sur l'enseignement, quand il se réfère aux lettres de Paul en général, et

[124]Bill Kuert, 45.
[125] Ibid.
[126]Ibid.
[127]Ibid., 20.

en particulier à Timothée : « Dans les deux lettres de Paul à Timothée, l'importance du ministère d'enseignement est très claire. »[128] Dans l'œuvre du ministère, l'enseignement de la saine doctrine est donc incontournable.

Il est à préciser que l'enseignement dans l'Eglise, pour aboutir à un discipolat digne de la croissance d'une église locale dynamique, doit se fonder, entre autre, sur une saine doctrine, sur laquelle les relations familiales doivent s'établir. Ainsi, si les familles sont fortes, comme étant des cellules de base, la société sera également forte, et par voie des faits les églises, ou vice-versa. Cette réversibilité relationnelle implique une dynamique sans précédent.

Aussi, Bill Kuert fait remarquer que : « L'enseignement d'une doctrine saine est le fondement sur lequel les relations familiales doivent être établies. De mauvais enseignements peuvent littéralement briser des foyers (Tite 1.11). »[129] [*sic*] N'est-ce pas ce que disait l'apôtre Paul que : « Les mauvaises compagnies corrompent les bonnes mœurs. » (1 Co 15.33b)

C'est avec des familles instruites selon Dieu que les églises peuvent être stables et, se maintenir dans la dynamique dont la formation des disciples en fait la force et elle restera continue. Il serait aussi bien anodin que la société soi forte et plus dynamique. Plus ces églises ne dépendent des principes fondées sur la Parole de Dieu au travers des formations continues, au tant elles ne serviront de transport de joie et d'allégresse et ne donneront gloire à Dieu. C'est donc possible de constater une église en croissance normale et dynamique, avec évidence par l'assistance du Saint-Esprit. Parler des familles sans parler de ses trois composantes principales serait une aberration. Car la famille est composée d'un père, d'une mère et des enfants, pour une famille restreinte et non des familles africaines.

A l'exemple de Christ, nous apprenons aussi que les enfants sont d'une grande valeur dans l'église et pour l'église. Car les enseigner, c'est investir dans la formation des disciples

---

[128]Ibid.

[129]Ibid., 21.

authentiques, comme il est écrit dans le livre des proverbes : « Instruis l'enfant dans la voie qu'il doit suivre, et quand il sera vieux, il ne s'en détournera pas. » (Pr 22.6) L'instruction, aussi importante qu'elle soit, devrait être inconditionnelle pour chaque enfant dès la conception, et c'est selon l'Ecriture. C'est ce qui conditionnera les enfants, dans la communauté de foi, à choisir intentionnellement la voie du discipolat pour être par la suite un bon disciple, par surcroit un bon maître.

C'est pour cette raison que le discipolat pourrait donc être l'un des facteurs les plus importants, même une plaque tournante dans le système éducatif, pour affermir et conduire à la maturité l'église, en vue de la croissance dynamique. Ce discipolat tiendra compte de toutes les catégories des personnes dans l'église, du plus petit au plus grand. Ce sera donc un discipolat inclusif et non exclusif. Il est important de considérer le rôle que le Saint-Esprit joue, comme agent principal de la croissance de l'Eglise, selon qu'il est mentionné dans les Actes des apôtres : « L'Eglise était en paix dans toute la Judée, la Galilée et la Samarie, s'édifiant et marchant dans la crainte du Seigneur, et elle s'accroissait par l'assistance du Saint Esprit. » (9.31)

Non pas seulement le Saint-Esprit qui joue un rôle important dans la croissance de l'Eglise, la Bible confie aussi cette charge au Seigneur : « Et le Seigneur ajoutait chaque jour à l'Église ceux qui étaient sauvés. » (2.47b) Et encore, l'apôtre Paul définit le Seigneur comme l'Esprit quand il dit : « Or, le Seigneur c'est l'Esprit; et là où est l'Esprit du Seigneur, là est la liberté. » (2 Co 3.17)

La croissance de l'église locale

Comme il a été dit précédemment, l'objectif principal de l'enseignement dans l'église vise la maturité spirituelle à la mesure de la stature parfaite de Christ. Et le but ultime est d'amener les croyants à développer une vie paisible et tranquille, en toute piété et honnêteté, dans une connaissance qui les conduiraient à la crainte de Dieu (1 Tm 2.2). Les implications normatives de cette action, c'est de faire d'eux des disciples. Cette démarche ne doit pas être admise sans suivre scrupuleusement la stratégie de la mission pédagogique de l'église, en vue d'un discipolat soutenu. Ce qui veut dire que l'Eglise a le devoir de conception et d'application et de suivi d'un programme de formation et d'éducation chrétienne dans tous les plans tant locale que nationale, gage de l'entretien de ses membres. C'est ainsi que l'on notera la perfection de ces croyants membres de ces églises, et que ces derniers seront transformés en des disciples. C'est ainsi que l'Eglise se mesurera par sa conviction de s'engager à la missio Dei, expression de sa nature, de sa maturité spirituelle et de son amour pour Christ (1 Jn 5.3-5). Cette croissance se visualisera de deux façons dans l'église locale, par le nombre et par la caractéristique du comportement spirituelle de ces croyants qui sont des membres. Les croyants commenceront premièrement à afficher leurs identités chrétiennes (membres adhérents). Deuxièmement, ces chrétiens commenceront à s'affirmer dans l'église par leurs activités (membres actifs). Troisièmement, ces membres actifs deviendront des partenaires de la missio Dei. Les activités missionnaires dans l'église locale, dans tous les champs missionnaires, constitueront ainsi un mouvement du peuple de Dieu, que nous qualifions ici de l'exode qui fera bouger l'église et de qui l'on témoignera : « Ces hommes qui troublent notre ville » (Ac 16.20). Ces hommes et femmes, ainsi les jeunes et les enfants ne se donneront désormais point de repos, tant que les exigences de la missio Dei ne sont pas satisfaites. Bill Kuert confirme cette pensée quand il dit : « Il existe deux catégories de mesure : quantitative et qualitative. Ce qui est quantitatif a rapport aux chiffres ; ce qui est qualitatif a rapport avec la qualité ou la caractéristique essentielle d'une chose. Par contre, dans le contexte spirituel, ce qui est *qualitatif* [*sic*] peut se référer à la croissance (maturité) du croyant. »[130]

---

[130]Ibid., 37.

Par cette assertion de Bill Kuert, il est plus aisé de mesurer l'efficacité numérique d'un programme pédagogique de l'église locale que son efficacité qualitative.

En effet, pour ce qui est de la mesure qualitative, l'image est quelque peu différente. Kenneth Gangel[131] suggère aux responsables qui désirent estimer le niveau de maturité des personnes de se poser des questions du genre : La personne connaît-elle la vérité sur l'Evangile ? La personne comprend-elle la vérité ? La personne pratique-t-elle la vérité ?

Nous pouvons également nous poser des questions plus spécifiques : La personne gère-t-elle ses problèmes avec maturité ? La personne réagit-elle d'une façon semblable à Christ ?

La personne voit-elle la vie dans une perspective chrétienne ? Son système de valeur est-il principalement biblique ? La personne a-t-elle de bonnes relations avec les autres ? La personne a-t-elle une vie de prière efficace ? La personne peut-elle se nourrir spirituellement ?

La personne est-elle capable de partager l'évangile avec succès ?

Bill Kuert, en citant Kenneth Gangel reconnait qu':

> Il est essentiel pour les responsables de l'église de garder trace de la croissance spirituelle. Nous devons développer des méthodes pour mesurer le niveau de maturité chez les personnes dont nous sommes responsables. Nous devons savoir ce qui se passe. C'est seulement là que nous verrons si nous avons atteint nos objectifs, si nous avons fait des progrès et quels changements s'avèrent nécessaires.[132]

Pour maintenir la croissance dans l'église locale, il est important de concevoir une plate-forme d'un système éducatif relatif à la formation dynamique pour des croyants dynamiques en vue d'église à croissance dynamique. C'est ainsi que l'éducation chrétienne, dans l'Eglise, doit faire partie intégrante de son système éducatif qui est envisagé pour une croissance effective qui la conduira dans une dynamique. Tous les groupes d'âges sont concernés par ce système de formation, et cela pourra se faire par de petits groupes d'études bibliques, l'école du dimanche, les réunions des jeunes, les groupes d'enfants ou par la prédication de la Parole de Dieu. Elle pourra aussi et surtout se réaliser par une formation

---

[131]Ibid.
[132]Ibid.

sélective de ceux, tirés des groupes susnommés, pour une qualification adéquate relative à la grande commission de Matthieu 28.18-20. Ceci ne se fera pas sans tenir compte des tranches d'âges, de l'enfance à la vieillesse, tous ont besoin de l'éducation.

C'est comme au temps de l'Israël antique, l'apprentissage faisait partie intégrante de la vie du peuple de Dieu tout entier, y compris gens de la maison. Il renforçait ainsi chaque aspect de la vie de la communauté de la foi. C'est ainsi que notre système éducatif d'aujourd'hui, sur le modèle de l'Ancien Testament, pourra, par son effectivité à la vie communautaire, renforcer la communion avec Dieu et entre frères, croître la connaissance de la Parole de Dieu et conduire le peuple de Dieu à la dévotion et à la crainte de Dieu.

La conclusion de Bill Kuert, au sujet du ministère de l'enseignement dans l'église locale est un ordre de mission. Cet ordre doit être respecté au tant Christ le Seigneur lui-même a connu la formation et a pris lui-même du temps à former. Ainsi Bill Kuert se résume par l'assertion suivante :

> L'ordre de mission est d'enseigner les nations et d'en faire des disciples. Christ a passé plus de temps à former Ses disciples qu'à tout autre type de ministère. L'église du Nouveau Testament considérait son ministère comme un ministère d'enseignement en priorité. Ainsi, l'enseignement est un ministère au riche héritage biblique. ... Il nous faut également calquer le ministère de notre église locale sur ce dernier.[133] [*sic*]

Pour lui, Jésus, comme étant le maître-enseignant, n'a pas échappé au système éducatif de sa société, comme disciple accompli, et qu'il ne pourra que rendre ce qu'il a été lui-même aux générations futures. Ainsi dit-il encore :

> Nous avons survolé le système pédagogique juif dans la leçon 1. Nous avons relevé que Jésus est produit de ce système. Toutefois, comprendre Son arrière-plan scolaire n'est pas suffisant pour expliquer Son unicité, Son message, Ses qualifications, Ses buts et Ses modèles. Nous devons faire très attention au modèle qu'il a défini. Plus nous suivrons ce modèle fidèlement, plus l'église sera efficace dans sa tâche pédagogique.[134] [*sic*]

---

[133]Ibid., 22.
[134]Ibid., 44.

Et sans contredit, Jésus était lui-même un disciple accompli, soumis et obéissant, avant de devenir un excellent maître. Jésus était et reste le modèle du disciple accompli, et le véritable modèle du « maître-enseignant incarné (Jean 1.1, 14). Il savait toutes choses et faisait toues choses parfaitement. Nous comprenons qu'aucun enseignant ne puisse même essayer d'imiter Sa perfection ; pourtant, Sa vie et Son ministère sont des exemples pour nous guider vers nos objectifs. »[135] [*sic*] Son modèle concernait sa relation avec le Père, dans les prières, par l'exercice de son ministère et les dispositions requises du cœur pour le faire. C'est bien évident que Jésus soit digne de modèle en toute chose, et qu'il soit imité.

C'est ainsi qu'en se fondant sur son modèle, il est si précieux de considérer les quatre éléments suivants qui soient nécessaires pour une formation dynamique des disciples. Comme premier élément, établir une relation interpersonnelle avec son candidat disciple. Cette relation comporte plusieurs facettes dont il est important de les considérer dans une relation interpersonnelle avec son disciple. Dans cette relation, il faut le maître apprenne à écouter et à encourager son disciple plus qu'à vouloir répondre à toutes les questions qu'il pose. Qu'il l'environne des soins et d'amour, c'est le mettre en état de confiance dans leur relation interpersonnelle. Il faudrait en plus lui donner du temps de loisir ensemble dans le sens de le rapprocher davantage, et de partager le ministère avec lui. Lui apprendre à restituer, par des rapports succincts, verbaux ou écrits serait une façon de créer une forte intimité avec lui.

Le deuxième élément, c'est de partager la Parole de Dieu ensemble. Par cet aspect, le nouveau disciple apprendra à aimer la Parole de Dieu, par ricochet, à aimer Dieu. Il sera amené à la transformation par le renouvellement de l'intelligence (Rm 12.2). Le troisième serait de l'impliquer effectivement dans le ministère. Il sera ainsi confronté à la nouvelle dynamique de la société, qui sera pour lui un environnement propice pour sa

---

[135]Ibid., 45.

croissance, comme une plante dans une terre qui fleurit en raison des éléments qui lui permettent de s'y épanouir. Il deviendra fertile, rendant son fruit en sa saison. Tout ce qu'il fait lui sera une réussite (Ps 1.3). En quatrième lieu, un bon formateur apprendra à prier avec son disciple, c'est façon de l'initier à la prière et à aimer la prière, prendre du temps avec lui dans les prières et les jeûnes, lui faire voir et comprendre que sans les prières, rien ne marchera dans le Seigneur (Ep 6.18-21).

La finalité de ce qui précède est d'amener le disciple à ressembler son maître, afin qu'il apprenne lui aussi à comprendre et à s'approprier les éléments clés d'une bonne formation en vue d'un reflet futur du bon disciple, et quand il deviendra maître, qu'il soit aussi digne de modèle. C'est ce que l'on appelle en pédagogie appliquée, le principe de « Learning by doing », qui signifie littéralement que c'est en apprenant qu'on apprend.

Ordre Suprême : Matthieu 28.18-20

Les dernières paroles stratégiques du Seigneur Jésus-Christ sont ici pratiquement considérées d'un testament qui constitue un ordre intimé aux onze qu'il avait choisis pour être toujours avec lui, et ensuite les envoyer prêcher l'évangile du royaume. C'est la forte intention de la volonté du Seigneur pour l'expansion de son œuvre, afin que cette œuvre puisse prospérer dans les mains de ses disciples. La double vocation du choix des douze par Jésus avait pour but : la mission ; et pour objectifs principaux la formation (interne) et l'accomplissement de sa volonté qui est « allez ». Cette dernière se voit revêtir de deux impératifs complémentaires, « les baptisant » et « enseignez-leurs ».

Les trois verbes aller, baptiser et enseigner sont caractéristiques de la triple option des vœux de Jésus-Christ à ses disciples pour transformer le monde par un discipolat dynamique. Ce dernier est rendu possible par la sainte présence trinitaire dans la commission et dans la mission. Ces trois verbes sont les enseignes incontournables d'une formation dynamique pour une croissance aussi dynamique.

Pour rendre la pensée claire, John F. Walvoord et son compagnon Roy B. Zuck commentent le passage de Mc 3.14-15 dans le but de lui donner un sens. Il n'était vain que Jésus établisse les douze, Marc fait remarquer la complicité de Jésus avec les douze :

> **Il en établit** (littéral. "fit") **douze** pour deux raisons : a) **pour les avoir avec lui** (étroite association pour la formation) et b) **pour les envoyer prêcher** (cf. 1.4, 14) **avec le pouvoir** (délégué) **de chasser** (*ekballein* ; cf. 1.34, 39) **les démons** (leur future mission ; cf. 6.7, 13). Marc attire l'attention sur leur association avec Jésus et sur la préparation en vue de leur ministère.[136] [*sic*]

William MacDonald emboîte les pas ces précédents par un complément en parlant d'un triple objectif qui sous-entend l'appel des douze. En effet, le discipolat ne consiste donc pas à un vite fait, il doit être question du temps pour former et donner un modèle. Ces trois objectifs sont énumérés de la manière suivante :

> (1) **Les avoir avec lui** ; (2) **les envoyer prêcher** ; et (3) **chasser les démons**. Il fallait d'abord une période de formation privée avant que les douze n'aillent prêcher en public. C'est là un principe fondamental. Nous devons passer du temps **avec lui** avant de nous aventurer comme messager de Dieu. Ensuite les douze furent envoyés pour **prêcher**. Leur méthode principale d'évangélisation consistait à prêcher la Parole de Dieu. Rien ne doit la remplacer. Enfin, ils reçurent un pouvoir surnaturel.[137] [*sic*]

Toutefois, en considérant ce triple objectif, William MacDonald révèle un aspect vital dans le discipolat. Cet aspect concerne le choix des jeunes dans la formation des disciples. En effet, la jeunesse présente beaucoup d'avantages en termes de recevabilité, de loyauté et de passion. Il est intéressant de revenir, in extenso, sur ce que MacDonald dit à ce sujet :

> Personne mieux que Jésus n'a compris vraiment la jeunesse avec sa gaieté, sa bravoure, sa générosité et son espoir, ses crises soudaines de solitude et ses rêves obsédants, ses luttes cachées et ses terribles tentations. Et nul, mieux que Jésus, n'a compris que les années de l'adolescence, caractérisées par l'éveil des pensées secrètes et la curiosité devant un monde qui éclot, offrent à Dieu les meilleures opportunités de conquérir des âmes.[138]

---

[136]John F. Walvoord et Roy B. Zuck, *Commentaire Biblique du chercheur. Une exégèse approfondie des Ecritures proposée par des professeurs du Séminaire de Dallas. Nouveau Testament* (Lennoxville, Québec : Editions Béthel, 1997), 128.

[137]William MacDonald et Arthur Farstad, *Le commentaire biblique du disciple. Nouveau Testament* (Seone : Editions La joie de l'Eternel, 2003), 171-172.

[138]Ibid.

De son côté, Tokunboh Adeyemo aborde mêmement le concept d'aller et de faire les disciples. Il explique le contexte dans lequel Jésus avait envoyé premièrement les soixante-dix disciples en mission dans Luc 10.1-10, en comparaison avec Matthieu 10.24-25 :

> Deux verbes actifs caractérisent l'ordre missionnaire : *allez* et *faites*. Lorsque Jésus envoya pour la première fois ses disciples en mission (10.1-10), le verbe « aller » tenait une place prépondérante. Nous pouvons nous attendre à ce que le mandant universel dont Jésus charge désormais ses disciples souligne une grande vérité : « aller » fait partie de la nature du disciple. Nous devons aller et faire de toutes les nations des disciples.[139] [*sic*]

Ordre et Mission

L'Eglise étant le peuple racheté de Dieu, elle doit se sentir endettée vis à vis du monde. Pour ce faire, les membres rachetés qui sont des disciples de Jésus-Christ ne pourront-ils pas reconnaître cette dette tant morale que spirituelle pour se lancer dans la moisson ? Ce qui sera pour les disciples une réponse favorable à l'ordre suprême de leur Seigneur et Maître. Cette réponse ne se concrétisera-t-elle pas par divers services ou ministères dans l'église, par exemple dans l'évangélisation, par les implantations des nouvelles églises et par d'autres services chrétiens selon que l'Esprit conduit ? La consécration des membres du discipolat sera aussi l'un des aspects de cette réponse. Tous ces ministères montrent que l'Eglise est en activité en vue de racheter le temps comme cela est écrit : « C'est pour cela qu'il est dit: Réveille-toi, toi qui dors, relève-toi d'entre les morts, et Christ t'éclairera. Prenez donc garde de vous conduire avec circonspection, non comme des insensés, mais comme des sages; rachetez le temps, car les jours sont mauvais. » (Ep 5.14-16)

Ainsi la mission, relevant de la de la nature même de l'église et siégeant dans le cœur de Dieu, donne une obligation très inconditionnelle à tous les croyants de s'enrôler dans la grande armée de l'Eternel, pour aller et faire de toutes les nations des disciples, comme nous le recommande le Maître de la moisson. C'est donc un ordre intimé par le Seigneur lui-même,

---

[139]Tokunboh Adeyemo, éd. *Commentaire Biblique Contemporain* (Marne la Vallée, France: Editions Farel, 2008), 1260.

et qui doit être exécuté. Cet ordre suprême devrait donc avoir une considération tout aussi suprême pour quiconque qui a de la considération au Seigneur. Considérons aussi que l'exécution de cet ordre devra être sans faille. Tokunboh Adeyemo n'a pas ménagé ses mots le concernant :

> Jésus nous ordonne de faire des *disciples*, pas seulement des convertis. Faire des disciples exige que nous abandonnions totalement notre identité, notre sécurité et notre être à la seigneurie du Christ. Une telle consécration ne se limite pas à une conformité extérieure à une religion ; elle doit toucher notre intérieur. La mission de convertir les *nations* signifie que nous devons tenir de tout ce qui fait d'une nation ce qu'elle est, y compris éléments les plus profonds de sa culture.[140] [*sic*]

Effectivité et l'accomplissement de la mission

La finalité ou le point culminant de l'effectivité et de l'accomplissement de la mission serait l'obéissance à l'ordre du Seigneur de la moisson, se lever et agir dans l'immédiat. C'est la missio Dei en activité. Les disciples doivent se mettre en peine de cet accomplissement de la grande commission (Mt 28.18-20) édictée par le Seigneur Jésus-Christ. Consciencieusement, chacun de ces disciples devrait respecter cet ordre qui leur était intimé pour une exécution sans ambages. Tokunboh Adeyemo circonscrit cet ordre dans le contexte de l'obligation morale, spirituelle et même existentielle des disciples de Jésus-Christ à tous les échelons. Dans son commentaire sur le ministère de Jésus en Galilée (Mc 3.13-15), Tokunboh Adeyemo considère que :

> Certains des hommes choisis comme apôtres – si ce n'est tous – étaient déjà à ce moment-là des gens qui suivaient Jésus (voir 1.14-20 ; 2.13-14). Il les a apparemment sélectionnés parmi une équipe plus large de disciples. Il leur a également fait comprendre très clairement l'objectif pour lequel il les avait désignés (**3.14-15**) en les appelant *apôtre* [Bible en français courant], terme qui indique qu'ils seraient ses émissaires, envoyés pour proclamer la bonne nouvelle. Leur tâche consisteraient notamment à être *avec lui*, c'est-à-dire à devenir ses proches associés qui apprendraient de lui et qu'il pourrait ensuite envoyer annoncer la bonne nouvelle et s'opposer aux forces sataniques, en étant armés de son autorité.[141] [*sic*]

---

[140]Ibid.
[141]Ibid., 1268.

Par la missio Dei, Dieu veut accomplir sa volonté, c'est celui du salut de l'humanité. Cette volonté s'exprime par sa Parole, selon qu'il écrit : « Cela est bon et agréable devant Dieu notre Sauveur, qui veut que tous les hommes soient sauvés et parviennent à la connaissance de la vérité. » (1 Tm 2.3-4) Cet avec des mots très forts, que Tokunboh Adeyemo s'apprend aux églises africaines en ce qui concernent la missio Dei :

> C'est un message que l'Église d'Afrique doit entendre de façon claire et forte. En effet, nous avons trop longtemps été les bénéficiaires de l'évangile ; à des rares exceptions près, nos églises et assemblées n'envisagent pas d'être missionnaires et ne participent même pas à l'effort missionnaire. Nous ne considérons pas qu'il est de notre devoir d'aller et de répandre la bonne nouvelle parmi les habitants de notre pays, ou parmi ceux qui vivent hors de nos frontières. C'est une désobéissance flagrante à l'ordre du Seigneur du ciel et de la terre. Repentons-nous de ce péché et prenons à cœur d'obéir à l'appel du maître de faire des disciples du sein de toutes les nations.

La grande commission n'est pas juste une simple déclaration imaginée par Matthieu pour amuser la galerie, mais elle est consistante et impérieuse lorsqu'on considère les cinq premiers livres du Nouveau Testament. David Burnett[142] retrace la situation chronologique de ces déclarations complémentaires.

La première déclaration, c'est dans Jean 20.19-23 : « Comme le Père m'a envoyé, moi aussi je vous envoie. » La deuxième, dans Luc 24.36-48, vient compléter la première qui est pratiquement son expansion. La troisième est produite par Marc 16, qui a beaucoup de parallèle avec Mt 28.18-20. Cette dernière péricope qui concerne l'ordre suprême est la quatrième et enfin la cinquième déclaration de l'ordre missionnaire se lit dans les Actes des Apôtres 1.6-8. Par ces déclarations, la portée de la tâche missionnaire est universelle et clairement exposée, les disciples voulaient la restreindre à une affaire purement juive du royaume de Dieu. David Burnett, les trois verbes : « Aller, baptiser et enseigner sont des aspects nécessaires de faire des disciples. »[143] Il retrace ainsi le contexte du disciple en ce sens : « Le disciple est la personne qui accepte personnellement de se placer sous l'autorité

---

[142]David Burnett, *God's Mission: Healing the Nations* (Bromley, Kent: MARC Europe, 1986), 142-143.
[143]Ibid., 145.

d'une autre personne et volontairement accepte la personne comme étant son maître. »[144] C'est ainsi qu'est l'importance du baptême dans la mission. En effet, la notion du baptême a trois aspects qui influencent la vie d'un disciple :

> Soumission, confession et adhésion. L'expression "au nom de" semble avoir des liens avec la pratique de l'esclavage, où les esclavages étaient astreints de recevoir le baptême pour être reçus comme gens de la maison des juifs. L'esclave était ainsi baptisé dans la famille et un nouvel état social était établi, dans une relation de soumission au chef de famille. Le parallélisme avec le christianisme est clairement apparent, là où la nouvelle relation est établie entre la personne baptisée et le Dieu trinitaire.[145]

La portée de la grande commission est universelle selon que le mandat concerne toutes les nations. David Burnett parle du terme : « *panta ta ethna* »[146] [*sic*], pour inscrire le cadre de la portée de la mission dans les nations (Ac 1.8), et de toute la création au terme de « *pase te ktisei* »[147] [*sic*], selon Marc 16.15. En effet, la première péricope des Actes des Apôtres 1.8 décrit une expansion non seulement géographique, mais aussi une grande ouverture sur les cultures, comme sont ciblés dans le livre de l'Apocalypse de Jean: « toute tribu et toute langue et peuple et nation (Ap 5:9 ; 7:9 ; 11:9 ; 13:7 ; 14:6). Langue, race, culture, et allégeance nationale tout va pour décrire l'identité d'un peuple. »[148] [*sic*] La mission concerne les peuples du monde entier. La péricope de Mc 16.15 porte la mission sur toute création. C'est pour cela que la grande commission doit être mise dans la gamme de la très haute considération de la vie des disciples, marquant ainsi la plus haute importance.

Burnett, en citant le Docteur O'Brian à ce sujet, veut nous tenir en éveil de l'importance de l'ordre suprême. En effet, dit-il que : « Ces versets de Matthieu 28 sont parmi les plus importantes paroles dans tout l'Evangile [*sic*]. Elles servent du paroxysme,

---

[144]Ibid.
[145]Ibid., 145-146.
[146]Ibid., 147.
[147]Ibid.
[148]Ibid.

entièrement relatées par Matthieu dans des buts comme d'un tout. »[149] Ainsi, le point d'aboutissement de la pensée de Matthieu est la mission dans le monde entier.

Le mandat des disciples n'était pas seulement missionnaire, mais aussi eschatologique. Hans Conzelmann et Andreas Lindemann, en considérant la portée du mandat, disent : « "Jusqu'à la fin du monde", car jusque-là Christ sera avec ses disciples et, par conséquent, la tâche missionnaire est confiée à l'Église jusque-là. »[150] [*sic*]

Bruno Chenu, en préfaçant le chef d'œuvre de David J. Bosch, reconnaît lui aussi l'importance et l'urgence de la mission en ce qui concerne la grande commission, et il la circonscrit dans un cadre fondamental de l'évangile, que :

> *Si le terme de « mission » a résisté à la tempête, c'est qu'il exprime une dimension fondamentale de l'Évangile : son mouvement vers l'autre. La Bonne Nouvelle n'existe pas pour être amassée, consommée à domicile, mais pour être partagée, jetée au grand vent de l'humanité, propagée comme une onde d'amour et de miséricorde. Le disciple de Jésus qui se sent invité à la proximité de maître (« venez »), entend rapidement un « Allez » qui l'oblige à sortir de son confort spirituel, de sa communauté fraternelle pour marcher à la rencontre de celui n'a pas entendu parler du Dieu de Jésus-Christ et « transformer » le monde. Le souffle qui fait le croyant le porte plus loin que lui-même. La convocation qui fait l'Église se nourrit de son envoi et de sa dispersion. Si le chrétien est sel, c'est pour la terre. S'il est lumière, c'est pour le monde (Matt 5 : 13-14). Le double mouvement de la foi est bien celui-ci : infusion et diffusion, rassemblement et témoignage. Ce que l'on exprime avec les deux catégories classiques : communion et mission.*[151] [*sic*]

Le modèle apostolique du discipolat : 2 Timothée 2.2

Ce modèle, c'est de perpétuer l'enseignement du Seigneur Jésus à des générations futures. Cette portion de l'Ecriture est ce qui est considérée comme le leitmotiv dans la théologie paulienne dans le cadre de son discipolat. La deuxième épître de Paul à Timothée nous le restitue en des termes beaucoup plus expressifs : « Et ce que tu as entendu de moi en

---

[149]Ibid., 148.

[150]Hans Conzelmann et Andreas Lindemann, *Guide pour l'étude du Nouveau Testament* (Genève : Editions Labor et Fides, 1999), 352.

[151]David J. Bosch, *Dynamique de la mission chrétienne. Histoire et avenir des modèles missionnaires* (Lomé, Togo : Editions Haho, 1995), 5.

présence de beaucoup de témoins, confie-le à des hommes fidèles, qui soient capables de l'enseigner aussi à d'autres. » (2 Tm 2.2)

Le modèle Paulinien du discipolat n'est pas une extravagance tirée des rudiments des traditions, mais c'est un modèle fondé sur celui de Christ son Seigneur. Ainsi il dit aux Corinthiens: « Soyez mes imitateurs, comme je le suis moi-même de Christ. » (1 Co 11.1) Dans son apostolat, Paul avait rencontré beaucoup d'adversités. C'est ce qui l'avait conduit forcément à s'attacher au Seigneur, afin de bien accomplir la volonté de Dieu en Jésus-Christ. En ce qui concerne la formation des disciples, les preuves abondent. Il a été lui-même disciple aux pieds de Gamaliel comme il le témoigne lui-même : « Je suis Juif, né à Tarse en Cilicie ; mais j'ai été élevé dans cette ville-ci, et instruit aux pieds de Gamaliel dans la connaissance exacte de la loi de nos pères, étant plein de zèle pour Dieu, comme vous l'êtes tous aujourd'hui. » (Ac 22.3) L'apôtre avait aussi la vocation d'instruire les autres et de faire d'eux les disciples du Seigneur comme il l'était lui-même. Il avait la volonté de suivre Jésus-Christ avec assiduité comme un bon disciple, qui avait mis le comble de sa vocation aussi à la formation des disciples et à la mission. C'est ce modèle que l'apôtre Paul nous a légué. Car voulait-il que tous deviennent des véritables imitateurs de Dieu, c'est-à-dire les disciples. A maintes reprises, il ne cessait d'exhorter ses coéquipiers à devenir les imitateurs de Dieu : « Devenez donc les imitateurs de Dieu, comme des enfants bien-aimés ; et marchez dans la charité, à l'exemple de Christ, qui nous a aimés, et qui s'est livré lui-même à Dieu pour nous comme une offrande et un sacrifice de bonne odeur. » (Ep 5.1-2)

L'apôtre Paul, dans son approche du discipolat, avait aussi utilisé la stratégie de la proximité pour la formation des disciples. Nous pouvons trouver ce cas dans les Actes des Apôtres, où l'apôtre, après avoir rencontré la résistance dans la synagogue, s'est retiré dans l'école de Tyrannus pour continuer à enseigner :

> Ensuite Paul entra dans la synagogue, où il parla librement. Pendant trois mois, il discourut sur les choses qui concernent le Royaume de Dieu, s'efforçant de

> persuader ceux qui l'écoutaient. Mais, comme quelques-uns restaient endurcis et incrédules, décriant devant la multitude la voie du Seigneur, il se retira d'eux, sépara les disciples, et enseigna chaque jour dans l'école d'un nommé Tyrannus. Cela dura deux ans, de sorte que tous ceux qui habitaient l'Asie, Juifs et Grecs, entendirent la parole du Seigneur. Ac 19.8-10)

De ce qui précède, nous pouvons tirer de l'apôtre Paul cet enseignement, qu'il y a parmi ceux qui se réclament de Christ deux groupes de gens :la foule d'une part,qui représente les personnes qui ont la connaissance du Seigneur, mais qui ne marchent souvent pas selon sa volonté ; Et les disciples d'autre part, qui sont véritablement nés de Dieu (Jn 1.12-13 ; 3.8), et qui veulent dépendre du Maître et le suivre selon sa volonté (Jn 8.30-31). L'apôtre avait su sélectionné parmi les foules ceux qui devraient être avec lui, c'est-à-dire les former comme Christ, et ensuite les envoyer pour continuer la mission ordonnée par le Seigneur Jésus-Christ. De ce nombre sont Luc le médecin, Timothée, Tite, Onésime, Jean-Marc, et j'en passe.

John A. Pope, Jr spécifie quelques-uns de ces précités comme coéquipiers de Paul :

> Les co-ouvriers de Paul, y compris Jean Marc et Luc le bien-aimé médecin (Col. 4 : 14), l'aidait à continuer son travail missionnaire pendant qu'il était encore en prison. C'était évidemment pendant cette période qu'il écrivit des lettres aux églises de Colosse et d'Ephèse aussi bien que la courte lettre à un chrétien de Colosse nommé **Philémon** concernant son esclave **Onésime**, qui était devenu l'un des co-ouvriers de Paul. Il envoya ces lettres en Asie mineur par **Tychique** et Onésime.[152] [*sic*]

Pour un discipolat pragmatique dans l'église locale

Lois E. LeBar a identifié, quant aux résultats, trois objectifs pour une éducation chrétienne équilibrée dans le but d'une croissance d'églises qui soient dynamiques : « (1) conduire les apprenants à Christ ; (2) édifier les apprenants en Christ ; (3) envoyer les apprenants au nom de Christ. En d'autres termes, les trois objectifs de l'éducation sont la transformation, la formation et le service. »[153]

---

[152]John A. Pope Jr. ed. *Who's who in the Bible* (Pleasantville, New York, Montreal: The Reader's Digest, 1994), 346.

[153]Ibid., 140.

L'apôtre Paul ne nous a pas laissé sans nous imprégner de son empreinte d'un discipolat aussi digne d'un véritable fruit de l'héritage de l'Ancien Testament, quand il se vante en ces mots : « Moi aussi, cependant, j'aurais sujet de mettre ma confiance en la chair. Si quelque autre croit pouvoir se confier en la chair, je le puis bien davantage, moi, circoncis le huitième jour, de la race d'Israël, de la tribu de Benjamin, Hébreu né d'Hébreux ; quant à la loi, pharisien ; quant au zèle, persécuteur de l'église ; irréprochable, à l'égard de la justice de la loi. » (Ph 3.4-6) Il nous a infligé le modèle de sa vie de disciple, dont il l'a hérité de l'école pharisaïque. Et c'est remarquablement visible dans son ministère, quand il instruit Timothée de suivre ses traces : « Toi donc, mon enfant, fortifie-toi dans la grâce qui est en Jésus Christ. Et ce que tu as entendu de moi en présence de beaucoup de témoins, confie-le à des hommes fidèles, qui soient capables de l'enseigner aussi à d'autres. » (2 Tm 2.1-2)

Dans la plupart des églises locales, il y a un contraste de configuration d'appellations par rapport à la Bible. Le vent du modernisme les a emportés aux dénominations extrabibliques. Certains sont des membres et d'autres des chrétiens. Et si d'autres encore sont appelés des disciples, c'est par défaut. Car, que ce soit les uns ou les autres, ils ne sont pas généralement soumis à leurs bergers, au contraire, ils veulent que les bergers leurs soient soumis. Ce qui ne devrait pas être ainsi quant à la définition du mot « disciple ». Pour Juan Carlos Ortiz : « Les membres façon adhérents d'un "club" ne se soumettent pas. C'est même le contraire ils veulent que leur pasteur se soumettent à eux. »[154] [*sic*] Il est donc extrêmement important de noter que le discipolat exige la discipline, l'obéissance, la soumission et le respect mutuel. L'importance de la formation des disciples se révèle en ce qu'il n'était pas assez facile de gérer les membres d'une église locale, qui adhèrent ou qui démissionnent à souhait, imposant leur volonté quand il le faut. L'expérience du pasteur Juan Carlos Ortiz à Buenos Aires peut nous enrichir, qui s'était vu obliger de faire des disciples parmi ses propres fidèles membres

[154]Juan Carlos Ortiz, 157.

de son église. Ainsi dit-il à cet effet : « Nous avons décidé de ne plus utiliser le mot “membre”, parce que cela rappelait trop un club sans soumission. À sa place, nous avons décidé d'utiliser le mot **“disciple”**. »[155] [*sic*]

Par ailleurs, le pragmatisme du discipolat dans l'éducation chrétienne exige plusieurs principes qui aident à déterminer notre approche pour accomplir la mission pédagogique de la Grande mission. Car, tout enseignement, quel qu'il soit, nécessite toujours une préparation. Pour Bill Kuert, l'ouverture du champ éducatif est vaste, et que « la mission pédagogique de l'église consiste à enseigner des personnes de tous les âges. »[156]

Nonobstant les efforts souvent concentrés seulement sur les enfants, la mission pédagogique de l'Eglise, en ce qui concerne l'éducation chrétienne, vise l'ensemble des personnes de tous les âges. Cette mission est inclusive et jamais exclusive, selon que confirme Tokunboh Adeyemo : « Reconnaissons que l'éducation chrétienne ne vise pas seulement le ministère parmi les enfants. Elle vise à transmettre la foi chrétienne d'une génération à la suivante. Elle aide les croyants à s'approprier leur foi et à l'extérioriser. Grâce au Saint-Esprit qui vit en chaque croyant, elle le guide à chaque étape de la vie. »[157] Tout dépendra de la structure administrative et de la conception déclarative des missions d'une Eglise à l'autre, qui s'afficherait selon les dénominations. Cette déclaration a de l'influence très marquante sur les résultats par rapport à l'enseignement basé sur la vision de l'Eglise.

Fort étonnamment, les Eglises ont oublié le grand mandat du Seigneur, celui d'aller, de faire de toutes les nations des disciples, de les baptiser et de leur enseigner les prescrits divins. Bill Kuert rattache cet oubli au rôle que devra jouer le leadership de l'Eglise et dans l'Eglise. C'est pourquoi, il dit: « Le rôle du pasteur, la structure organisationnelle des organes de formation et les principes de gestion sont tous des facteurs importants. »[158] Ces facteurs

---

[155]Ibid.
[156]Ibid.
[157]Tokunboh Adeyemo, 1591.
[158]Bill Kuert, 7.

sont ceux qui influencent ou pas la croissance de l'Eglise. Or, si le leader oublie ou ne s'intéresse pas à ce mandat, comment l'ordre du Seigneur, si suprême soit-il, peut-il se concrétiser ? A ce sujet, Adeyemo circonscrit le contexte de l'éducation chrétienne africaine d'erronée et même de paradoxe aux réalités que nous vivons :

> Dans les années 1960, on disait que le christianisme en Afrique mesurait un kilomètre de long et un centimètre de profondeur ! Les choses n'ont pas tellement changé depuis. Malgré le grand nombre de chrétiens africains, les nouvelles églises qui naissaient chaque jour, les nuits de prière, les exorcismes et les journées de jeûne, le continent souffre encore d'être dirigé par des gouvernements médiocres, de la corruption, de tueries, des coups d'états, du SIDA, etc.[159]

Adeyemo traite ce genre d'éducation chrétienne d'un paradoxe apparent, et défie nos églises, en les remettant en question : « Ce paradoxe apparent nous invite à considérer la manière dont les chrétiens sont éduqués. Existe-t-il une véritable éducation chrétienne dans nos églises ? »[160] La solution serait que les leaders des Eglises soient constamment branchés à la source pour recevoir la vie abondante qui émane de Dieu, selon l'Ecriture, quand le Seigneur dit : « Vous recevrez une puissance, le Saint-Esprit survenant sur vous et vous serez mais témoins » (Ac 1.8a). Le commentaire de Tokunboh Adeyemo à ce sujet reconnait que la mission ne pourra connaître son essor que sur l'apport de la puissance du Saint-Esprit. Pour lui : « La tâche qui attendait les disciples était si vaste qu'ils ne pourraient l'accomplir qu'avec la puissance du Saint-Esprit. Il sera avec ceux qui l'accueilleront et leur communiquera une force intérieure (le mot grec traduit par "puissance" a aussi donné les mots français "dynamo" et "dynamite"). »[161] Si nous comprenons que cette puissance est une force intérieure que le Seigneur communique à ses disciple, ce sera alors une implication d'un certain dynamisme dans le chef des disciples, et par ricochet, l'église. Tout dépend de l'attachement des disciples au Maîtres, selon que le Seigneur leur dit : « Demeurez en moi, et je demeurerai en vous. Comme le sarment ne peut de lui même porter du fruit, s'il ne

---

[159]Tokunboh Adeyemo, 1591.
[160]Ibid.
[161]Ibid., 1403.

demeure attaché au cep, ainsi vous ne le pouvez pas non plus, si vous ne demeurez en moi. Je suis le vrai cep, vous êtes les sarments. Celui qui demeure en moi et en qui je demeure porte beaucoup de fruit, car sans moi vous ne pouvez rien faire. » (Jn 15.4-5) C'est ainsi que sans les enseignements et instruction, sans la prise de conscience et l'engagement volontaire, sans l'amour et la connaissance du Seigneur, et surtout sans la promesse de la présence accompagnatrice du Seigneur lui-même, la mission des disciples serait vaine.

C'est la raison pour laquelle la mission pédagogique de l'Eglise se doit importante et être insérée dans le plein service de l'église locale. La retombée normale est que le résultat de cette mission sera trivialement la croissance dynamique, attachée à sa nature missionnaire. Ce résultat dépendra indéniablement d'un côté des disciples, quant à leur compréhension des dons de service et de leur engagement volontaire à la personne du Maître. Et de l'autre côté, le résultat dépendra de l'attachement des disciples à l'ordre suprême du Maître. D'un côté ou d'autre, tout proviendra de l'action du Saint-Esprit dans la vie des disciples dans l'accomplissement de la mission d'évangéliser le monde et d'en faire des disciples. Selon le commentaire de la TOB intégrale, c'est le Saint-Esprit qui est le véritable initiateur de la mission : « Dans les Actes des apôtres, *l'Esprit Saint* est le véritable initiateur de la mission apostolique, comme il l'était de la mission même de Jésus (Lc 4,1 note). Son caractère de *puissance* se manifeste dans des comportements humains parfois insolites : parler en langues (2,4) assimilé au don de prophétie (2,17 ; 11,28 ; 20,23 ; 21,4.11). »[162] [*sic*]

La mission pédagogique de l'Eglise doit son modèle dans les aspects de la vie du Seigneur Jésus-Christ, et doit son contenu dans les Ecritures en générale et en particulier dans les enseignements néotestamentaires.

La formation dans le cadre de l'éducation chrétienne ne doit pas être restreinte dans un domaine ou dans quelques domaines de la vie des apprenants, mais plutôt elle devra viser

---

[162]*La Bible traduction œcuménique, édition intégrale* (Paris : les Editions du Cerf, 1988), 2617.

toute la structure développementale de l'environnement de l'homme. Ce qui signifie que cette formation ira du simple au complexe. Mais aussi, elle doit être un processus dynamique, comme le pense Muriell McCulley :

> La notion que la formation chrétienne doit être développementale est difficile à gérer. Cet aspect nous permet de réaliser que nous sommes en voyage, et c'est un voyage qui dure toute la vie et il y a encore du chemin à faire. Cet aspect entraîne la responsabilité car nous réalisons que nous devons toujours grandir dans la foi. La formation chrétienne est la croissance. La maturité d'hier ne nous suffit pas aujourd'hui.[163]

Autrement dit, la formation dans l'église locale se refusera le statuquo et s'attachera aux injonctions du Saint-Esprit en vue du dynamisme.

Bill Kuert se rallie à Pazmiño, comme quoi : « L'enseignement d'une vie pieuse, individuelle et collective, était étroitement associé à la sainteté de Dieu. C'est pourquoi le contenu de l'enseignement révélait Dieu lui-même, ainsi que Sa [*sic*] relation avec Israël. »[164] Ainsi, Kuert associe les méthodes d'instructions de l'Ancien Testament aux traditions juives. Selon la tradition juive, l'instruction était formelle et informelle, principalement orale, et la quantité d'instruction dépendait de la capacité de l'enfant d'apprendre. Cette instruction était alors pragmatique, familière, consistante et même légale, qui devait être donnée avec admonestation. Il la stigmatise par ces termes: « Au travers des siècles précédant la venue de Christ, les synagogues avaient pour objectif principal de permettre aux Juifs de se rassembler pour adorer et être instruis dans la loi juive. En 64 après Jésus-Christ, une loi juive a été votée, créant des écoles primaires dans toutes les régions et villes. Les cours avaient lieu dans les synagogues. »[165] Notre génération n'a donc pas de raisons d'ignorer le grand mandat de Matthieu 28.18-20. C'est un ordre suprême, parce qu'il vient du Seigneur et que tout enfant de Dieu doit le respecter dans toute son intégralité.

---

[163]Muriell McCulley, 67.
[164]Bill Kuert, 17.
[165]Ibid., 19.

Modèle de proximité du discipolat

Ce modèle requiert deux volets de choix du candidat à discipler selon Mc 3.13-14. Jésus mettait toute son attention sur la personne et son choix était judicieux. C'est pourquoi il n'a pas formé tous ses disciples pour la tâche apostolique, il a tiré les douze de la multitude de disciples qui le suivaient (Lc 6.12-19), tout en considérant l'ampleur de la moisson. L'apôtre Paul, qui est lui-même un disciple de Jésus (Ep 5.1) a montré l'exemple à Timothée. C'est un modèle de proximité qui consiste au transfert des grâces. Ainsi, il instruit son fils Timothée : « Et ce que tu as entendu de moi en présence de beaucoup de témoins, confie-le à des hommes fidèles, qui soient capables de l'enseigner aussi à d'autres. » (2 Tm 2.2) En quoi consiste alors la formation des disciples ?

D'une approche pragmatique, cette formation consiste en trois points qui sont les suivants : Premièrement, la formation est plus que l'amitié ou les sorties ; elle demande une prise en charge holistique. Deuxièmement, le formateur devra s'investir dans la vie de son disciple, afin de l'amener à la hauteur de la formation, qui fera de lui un ouvrier centré uniquement sur les principes de Christ. C'est alors que sa marche sera calquée sur le modèle de Christ, pour le servir avec abnégation, dévouement et sacrifice, dans une vie d'obéissance, de soumission et de respect. Il apprendra à aimer le Seigneur de tout son cœur, de toute son âme et de toute sa force (Dt 6.4). Le psalmiste s'écrie : « J'aime l'Eternel, car il entend ma voix, mes supplications ; Car il a penché son oreille vers moi ; Et je l'invoquerai toute ma vie. » (Ps 116.1) Et encore, il dit : « Comment rendrai-je à l'Eternel ses bienfaits envers moi ? J'élèverai la coupe des délivrances, et j'invoquerai le nom de l'Eternel ; J'accomplirai mes vœux envers l'Eternel, en présence de tout son peuple. » (Ps 116.12-14)

Le disciple qui marche sur le modèle du maître, le Seigneur Jésus-Christ est celui qui doit apprendre à marcher par la foi, à communiquer sa foi et à multiplier sa foi. Autrement dit, c'est celui qui a appris à communiquer comme Christ. Landa Cope appelle tout le monde à relever le défi de la médiocrité sur le modèle de Christ. Car, « Jésus a rendu l'Evangile si simple que tout le monde est capable de le comprendre. C'est là le défi à relever : faire ce que Jésus a fait. »[166] [*sic*] L'apôtre Paul emboîte de même les pas de son maître en défiant la honte, comme il dit : « Car je n'ai point honte de l'évangile : c'est une puissance de Dieu pour le salut de quiconque croit. » (Rm 1.16a)

Dans sa communication, Jésus avait deux objectifs pour ses disciples, quant à Mc 3.14-15, afin qu'ils puissent être avec lui et pour une fin aller prêcher de par le monde entier avec le pouvoir de chasser les démons. Son seul but était de faire de toutes les nations des disciples. A cet sujet, Daniel Arnold commente Mc 3.14-15. Il dit : « Marc souligne donc d'abord la proximité, puis l'éloignement : les disciples doivent commencer par voir et entendre Jésus (pour être de bons témoins), puis ils devront répandre la bonne nouvelle de Jésus-Christ. »[167]

Le double objectif du choix des disciples par Jésus était de les avoir avec lui, et envoyer de par le monde pour faire des nations des disciples. C'était en effet une double mission que le Seigneur assignait à ses disciples : la transformation de ses propres disciples par la formation, et la transformation des nations pour ceux qui croiraient et qui seraient baptisés.

Trois moyens étaient mis à la disposition des missionnaires selon Matthieu 28.19-20 : L'évangile, le baptême et les enseignements. L'évangile était le seul moyen par lequel les disciples devraient saisir le monde entier, comme il est écrit : « Et comment en entendront-ils parler, s'il n'y a personne qui prêche ? Et comment y aura-t-il des prédicateurs, s'ils ne sont pas envoyés ? Selon qu'il écrit : Qu'ils sont beaux les pieds de ceux qui annoncent la paix, de ceux qui annoncent de bonnes nouvelles ! » (Rm 10.13-15).

La formule baptismale donnée par Jésus-Christ est l'unique en son genre et c'est ce qui marque son importance à travers les âges. Elle a un sens bien évidemment que certains

[166]Landa Cope, 68.

[167]Daniel Arnold, *L'évangile de Marc. Puissance et souffrance de Jésus-Christ* (Saint-Légier, Suisse : Editions Emmaüs, 2007), 169.

érudits définissent. Quant à la Bible de la traduction œcuménique (TOB), le baptême « *au nom de* signifie que s'établit une relation personnelle (cf. 1 Co 1.13 ; 10.2) du baptisé avec le Père, le Fils et l'Esprit ; désignation "trinitaire" déjà connue de l'Eglise primitive (1 Co 12, 3-5 ; 2 Co 13,13. »[168] [*sic*] Pour Adeyemo, le baptême « marque l'étape d'initiation ; il est administré au début de la vie du disciple. »[169] C'est dans ce contexte que le baptême garde sa place du choix sacramental, une identification de la mort et de la résurrection de l'initié avec Jésus-Christ. Le disciple fait selon le modèle de Christ doit désormais être calqué sur l'identité de Christ, d'où l'appellation de chrétien (Ac 11.26).

Pour l'enseignement, Adeyemo le traite de « beaucoup plus astreignant dans le temps, celui d'enseigner aux disciples *tout ce que je vous ai prescrit* (**28.20a**). »[170] [*sic*] Autrement dit, parler de l'enseignement, c'est parler d'un processus de longue haleine. C'est question de la consécration dans cet art et non du vite fait. C'est ce phénomène qui détruit aujourd'hui les églises. Il faut prendre du temps pour former afin d'avoir un résultat adéquat, celui d'une église forte, dynamique et missionnaire.

Ainsi donc, le modèle de la proximité du discipolat doit être considéré du meilleur modèle, du fait qu'il est basé et fondé sur le modèle du Seigneur Jésus-Christ lui-même. Les témoignages néotestamentaires sur ce modèle sont des preuves probatoires, et dignes d'exemples. Et Samuel Escobar confirme dans sa réflexion que : « La mission a pour modèle l'exemple de Jésus qui selon ses propres paroles "est venu, non pour être servi, mais pour servir" (Matthieu 20.28). »[171]

Jésus-Christ, le maître-enseignant, est lui-même le meilleur modèle et sa stratégie discipolatique doit nous servir de référence monumentale. Car c'est lui l'apôtre et le souverain sacrificateur de la foi que nous professons (Hé 3.1). Etant le Maître par excellence, tout

---

[168]*La Bible traduction œcuménique, édition intégrale*, 2381.
[169]Tokunboh Adeyemo, 1260.
[170]Ibid.
[171]Samuel Escobar, *La mission à l'heure de la mondialisation du christianisme* (Marne-La-Vallée, France : Editions Farel, 2006), 170.

disciple qui lui appartient doit de lui toutes ses références, comme déjà cité : « Tout disciple accompli sera comme son maître. »

Quoique le modèle de Jésus-Christ soit le meilleur, certains érudits exploitent quand même d'autres stratégies pour aboutir aux mêmes résultats. De ces modèles, celui du discipolat classique. C'est une question de l'adaptation du système éducatif biblique au modernisme, où certains mots ou termes bibliques voient se métamorphoser au fil du temps. Il est bien vigilant d'y prêter attention pour ne pas tomber dans l'erreur des Pharisiens.

De prime à bord, ce modèle, qui se rallie au modernisme, est à la base de beaucoup de déviations si l'on s'écarte des normes du Seigneur Jésus-Christ. C'est ainsi que Jésus avait repris les pharisiens, en disant : « Vous êtes dans l'erreur, parce que vous ne comprenez ni les Ecritures, ni la puissance de Dieu. » (Mt 22.29)

Dans la considération du système éducatif moderne, il y a plusieurs cas que nous tirerons au hasard certains pour les étayer en vue d'une conclusion utile.

Le premier cas sélectionné est celui de John H. Oak. En effet, pour lui, la formation des disciples est considérée comme un processus de délégation pastorale. Il prend pour modèle celui de Jésus-Christ. Autrement dit, John Oak est disciple de Jésus-Christ, qui se fonde sur les stratégies de son maître. Il considère l'exemple de la personne de Jésus-Christ dans l'évangile :

> Par exemple, en la personne de Jésus dans les Évangiles, nous pourrions voir la figure d'un "coach" adoptant avec ses disciples une stratégie de délégation en 6 phases : (1) dire quoi faire, (2) dire pourquoi le faire, (3) montrer comment le faire,(4) le faire avec eux, (5) les laisser faire par eux-mêmes, (6) les envoyer en mission.[172] [*sic*]

John H. Oak organise sa réflexion en l'étayant par des versets bibliques tels qu'énumérés par la suite. Aussi dirions-nous qu'il s'est référé aux Ecritures, et particulièrement sur les écrits néotestamentaires :

---

[172]Jean-Philippe Auger, *Formation de disciples dans un contexte de nouvelle évangélisation : élaboration d'un modèle d'intervention en coaching d'apprentissage* (Québec, Canada : Université Laval, 2015), 147.

1) **Dire quoi faire (Marc 1, 17) = pêcher des hommes**
"Venez à ma suite et je ferai de vous des pêcheurs d'hommes"
2) **Dire pourquoi le faire (Luc 19, 10) =pour chercher et sauver ce qui est perdu**
"En effet, le Fils de l'homme est venu chercher et sauver ce qui était perdu."
3) **Montrer comment le faire (Matthieu 5, 1-2) =en enseignant aux foules**
"À la vue des foules, Jésus monta dans la montagne. Il s'assit, et ses disciples s'approchèrent de lui. Et, prenant la parole, il les enseignait"
4) **Le faire avec eux (Matthieu 13, 16) =en nourrissant avec eux les foules**
"Il n'est pas nécessaire qu'ils s'en aillent; donnez-leur vous-mêmes à manger!"
5) **Les laisser faire par eux-mêmes (Luc 10, 3) =en les envoyant en mission seuls**
"Voici que je vous envoie comme des agneaux au milieu des loups."
6) **Les envoyer en mission (Matthieu 28, 19) =en leur confiant un mandat missionnaire**
"Allez! De toutes les nations, faites des disciples!"[173] [*sic*]

Rick Warren, dont la mention a été faite dans la revue de la littérature, schématise en cinq étapes pour aboutir à la démarche pour accomplir la grande commission. En effet, c'est amener les gens à Jésus comme membres de sa famille, développer leur maturité à la ressemblance de Christ, les équiper en vue de leur ministère dans l'église, les rendre disponible pour le Seigneur Jésus-Christ et, faire d'eux les amoureux de la mission dans le monde pour le seul but, la gloire du Père, tel qu'écrit: « Si vous portez beaucoup de fruit, c'est ainsi que mon Père sera glorifié, et que vous serez mes disciples. » (Jn 15.7)
« Allez » est un ordre au quel il faut obéir, si l'on a de la considération à son Seigneur. Cela semble bien simple et facile de répondre positivement à cet appel. Mais il faut demander à Esaïe le prophète ce que cela peut coûter quand il répondit à l'appel du Seigneur : « J'entendis la voix du Seigneur, disant : qui enverrai-je, et qui marchera pour nous ? Je répondis : Me voici, envoie-moi. » (Es 6.8)

La plupart d'églises d'aujourd'hui utilisent le modèle de Rick Warren comme le modèle du système éducatif moderne pour la formation des disciples. En effet, le mot « disciple » est un langage qui est de plus en plus en disparition dans les églises, en remplacement de celui du « membre » ou du langage péjorativement utilisé, celui du « chrétien ». Les églises, comme épinglé à l'introduction, confondent leurs membres à des

---

[173]Ibid.

disciples. C'est par leurs activités dans l'église qu'ils sont coptés comme des disciples. Et cette considération semble être erronée dans tous les cas.

Ainsi, pour les maintenir, les leaders des églises organisent des études bibliques, des conventions, etc. Les études bibliques, dans la formation des disciples, occupent une place importante dans la programmation des activités de l'église. Les prières complètent les études bibliques dans la formation et dans la vie des disciples. Les Formateurs des disciples s'improvisent. Soit c'est le pasteur lui-même, formé ou pas formé. L'essentiel c'est de tenir sa Bible et de parler pour les uns, et pour les autres, l'enseignement est systématique. Les critères et qualifications importent peu, car, il y a même des écoles de formation pour pasteur, ayant une vocation ou pas. Le comble de confusion est qu'il n'y a pas de choix judicieux sur le modèle néotestamentaire. C'est toute l'église qui est soumise à la formation par le système des études bibliques ou des séminaires. L'orientation et l'encadrement de la formation des disciples dépendent d'une église à l'autre, selon leur déclaration des missions. Les candidats disciples, tous membres de l'église, sont soumis à un même programme de formation, comme l'indique leurs textes et organisations administratives. Par ces textes, le statut des membres d'église est octroyé aux croyants, les uns comme membres adhérents et progressivement, membres actifs et effectifs. Après trois ans de la présence assidue aux activités de l'église locale, pour la plupart, certains membres sont sélectionnés par le pasteur ou le comité pour la formation pastorale aux écoles bibliques ou théologiques. Est-ce de cette façon que le Seigneur avait ordonnée, ou c'est le mandat du Seigneur qui est volontairement oublié ou omis en faveur du modernisme ecclésiastique qui rongent aujourd'hui des églises ? Le Seigneur avait-il tort de confier à ses disciples cette noble vocation d'aller et de faire de toutes les nations des disciples ?

Orientation

Un bon discipolat dans l'Eglise devra apparenter le modèle de Christ, le seul modèle qui soit le meilleur et digne d'imitation. Cela doit être une évidence pour toutes les églises néotestamentaires. Peu importe le système qu'on peut adopter pour la formation des disciples, un disciple accompli finira toujours par s'accommoder aux dispositifs organiques et organisationnelles de son Maître, le Seigneur Jésus-Christ. Le bon et le meilleur système éducatif est celui qui nous est légué par Jésus-Christ, que nous trouvons cocher dans le Nouveau Testament en particulier.

William MacDonald définit le comportement d'un bon disciple comme avoir « la flamme de l'évangélisation et l'ardent désir à l'ordre du Seigneur dans le siècle présent - "Allez par tout le monde, et prêchez la bonne nouvelle à toute la création". »[174] [*sic*] Il doit donc profiler le modèle du maître, étant le sel de la terre et la lumière du monde. Pour ce faire, le candidat disciple doit être soumis à un programme d'encadrement, comme les disciples qui furent appelés chrétiens pour la première fois à Antioche (Ac 11.26), eux qui avaient imité Christ, le modèle du parfait disciple.

Le témoignage de Keith Phillips crie plus fort, comme quoi : « Christ avait concentré son attention sur la formation de disciples, des personnes qui apprendraient auprès de Lui [*sic*] et qui marcheraient sur ses traces. »[175] Toute personne qui se proclamera disciple de Jésus-Christ et qui ne se conformera pas à ses paroles sera considérée d'un faux disciple. Cette allégation est selon Jn 8.30-31.

Il donne ainsi le profil d'un bon disciple et les critères pour le détecter. L'obéissance est le premier trait distinctif d'un vrai disciple. Le deuxième est la soumission, suivie du troisième qui est l'amour fraternel. Le quatrième c'est la prière. Le service chrétien, le témoignage d'une caractérisée par l'évangile et la discipline sont encore les autres atouts au

[174]William MacDonald, *Le vrai disciple* (Bielefeld : Editeurs de Littérature biblique, 2011), 9. www.clv.de (consulté le 1er Septembre 2017).

[175]Keith Phillips, *Formez des disciples* (Miami, Florida : Editions Vida, 1989), 5.

profil du disciple. Il doit aussi exercer l'écoute. Tout disciple qui s'engage à suivre un maître, doit le faire volontairement et intentionnellement. Ainsi, son choix l'oblige à un attachement inconditionnel. Ce qui n'est presque plus le cas de nos jours et dans nos églises, où cherchons plus à avoir un plus grand nombre de membres pour en tirer peut-être un gain sordide.

Keith Phillips dit : « Nous obéissons à Dieu parce qu'Il [*sic*] est le souverain de l'univers et que notre obéissance est la seule réponse acceptable à Son indicible amour (Romains 2.4). »[176] Le deuxième trait caractéristique est une soumission joyeuse.
En effet : « La soumission est bien plus que l'obéissance. C'est une attitude intérieure de confiance en un Dieu souverain, aimant et omniscient. »[177] Le troisième trait caractéristique est l'amour fraternel (Jn 13.35), comme il le confirme que : « L'amour mutuel est le signe que nous sommes des disciples. »[178] Et Jésus l'avait donné comme signe que les disciples devraient s'aimer les uns les autres.

La prière est le quatrième trait caractéristique d'un vrai disciple. Elle façonne le caractère, elle est une communication secrète d'une relation confiante et intime entre le disciple et son maître. Par la prière, le disciple démontre sa dépendance et son incapacité de vivre sans le Seigneur Jésus-Christ. Et que dire des actes et services chrétiens comme caractéristiques du vrai disciple ? Jésus recommande aux disciples : « Si vous demeurez dans ma parole, vous êtes vraiment mes disciples. » (Jn 8.31b) Encore, le Seigneur les exhorte : « Si vous demeurez en moi, et que mes paroles demeurent en vous, demandez ce que vous voudrez, et cela vous sera accordé. Si vous portez beaucoup de fruit, c'est ainsi que mon Père sera glorifié, et que vous serez mes disciples. » (Jn 15.7-8)

La condition du disciple accompli l'oriente vers la suprême volonté de son Maître le Seigneur Jésus pour son Eglise. Car tout disciple accompli sera comme son maître.

---

[176]Ibid., 39.
[177]Ibid., 47.
[178]Ibid., 61.

La vision de Jésus pour son Eglise est de maintenir le standard de son idéal, dont Melvin L. Hodges considère d'une Eglise :

> "glorieuse, sans tache, ni ride, ni rien de semblable, mais sainte et irrépréhensible" (Ep 5.27), n'est pas encore atteint, comme le croit-il : "La faiblesse de nos Eglises actuelles n'est pas due à un manque de puissance de l'Evangile pas plus qu'à la non-volonté de Dieu de reproduire l'Eglise du Nouveau Testament, mais elle vient plutôt de notre faible vision et de notre faible foi." »[179] [*sic*]

Il est donc appréciable pour les disciples, encore aujourd'hui, de s'impliquer dans l'attente de l'idéal du Souverain Maître, le Fondateur de l'Eglise. C'est ainsi que la semence de l'Eglise néotestamentaire pourra encore germer dans nos églises locales, afin qu'elles demeurent viables, croissantes et qu'elles soient dynamiques.

Ainsi, la dynamique du Saint-Esprit, comme force motrice de la réactivation de la seule volonté du Maître-Fondateur de l'Eglise caractérisera nos églises. Elles ne resteront pas oisives, au contraire, elles seront debout pour la moisson. Et c'est ce qui définira son caractère et sa nature missionnaire, sa croissance dynamique et son influence dans le monde, comme étant le sel de la terre et la lumière du monde.

L'énoncé de ce concept de l'Eglise, selon Matthieu 16.18, présente un aspect futuriste. Pendant qu'elle est en train de se réaliser progressivement et son accomplissement dans le futur, le Seigneur est entrain de former son corps et son royaume est en train de s'établir. Malgré l'immortalité et l'infaillibilité de l'Eglise, œuvre du Seigneur Jésus-Christ (Mt 16.18), les églises s'avèrent ne pas répondre aux idéaux du Fondateur de son Eglise. Et les leaders semblent avoir pris en otage les hommes et les femmes, les familles de leurs églises pour leur cause personnelle et non plus la cause ultime du royaume de Dieu.

Le mandat du disciple relève du transfert de pouvoir qui a été dérogé par les Seigneur (Mt 28.18b).

---

[179]Ibid., 72.

Pour Hodges, il y a un problème du manque de dynamisme et non des méthodes. Pour ainsi dire, les églises ont oublié la recommandation du Seigneur Jésus-Christ en ce qui concerne la puissance d'en haut par le Saint-Esprit. Il considère en effet que : « Les méthodes sans dynamisme peuvent être comparées à un moteur bien réglé, prêt à fonctionner parfaitement, mais ayant besoin d'essence et d'étincelles pour tourner. Les Actes des apôtres constituent le seul modèle authentique qui nous soit donné pour la mise en œuvre actuelle de l'Eglise du Nouveau Testament. »[180]

En plus de ressembler Jésus dans tout son caractère, l'un des traits essentiels du disciple authentique est l'amour. C'est comme le Seigneur l'a dit dans son évangile : « A ceci tous reconnaîtront que vous êtes mes disciples, si vous avez de l'amour les uns pour les autres. » (Jn 13.35) L'amour est une arme que le monde n'a jamais connue, au-delà de la bombe atomique, capable reconstruire les méfaits destructeurs de la haine. Le savant Albert Einstein écrivit une lettre à sa fille Lieserl dit qu' « Il y a une force extrêmement puissante pour laquelle, pour laquelle jusqu'à présent, la science n'a pas trouvé une explication officielle. C'est une force qui comprend et régit toutes les autres, et est même derrière tout phénomène qui opère dans l'univers, et qui n'a pas encore été identifiée par nos soins. Cette force universelle est l'amour. »[181]

Selon Keith Phillips, le monde reconnaît que nous sommes disciples par notre amour, nous qui sommes les disciples de Jésus-Christ. Keith Phillips abonde dans le même sens que le Maître (Jn 13.35) : « Puisque le monde reconnaît que nous sommes disciples à notre amour mutuel, nous devons nous assurer que notre identité est bien visible. Afin d'avoir un amour fort et constant pour les autres croyants, nous devons comprendre et vivre le pardon et la communauté. »[182]

---

[180]Melvin L. Hodges, 70.

[181]Réseaux sociaux, WatsApp, andreyango9@gmail.com, consulté le 29 septembre 2017.

[182]Melvin L. Hodges, 62.

Car le royaume de Dieu se fondera sur la meilleure préparation de l'Eglise, comme souligne Ladd : « Le verset concernant la fondation de l'Eglise s'accorde avec l'enseignement de Jésus qui considérait tous ceux qui recevaient son message comme le fils du Royaume, le véritable Israël, le peuple de Dieu. On ne nous dit pas quelle forme doit prendre le nouveau peuple. »[183] Et encore, Ladd considère comme la vraie nation d'Israël quand Jésus annonce la création de son Eglise, alors que la nation d'Israël, l'actuelle, n'a jamais cessé d'exister :

> En annonçant son dessein de construire son *ekklēsia,* Jésus suggère d'abord ce que nous avons déjà découvert dans notre étude sur la condition de disciple : la communauté établie par Jésus se tient en continuité directe avec l'Israël de l'Ancien Testament. La différence, c'est que cette *ekklēsia* est, d'une façon spéciale, l'*ekklēsia* de Jésus : « Mon *ekklēsia* ». Ainsi, le véritable Israël trouve maintenant son identité spécifique dans sa relation à Jésus. Israël a, en tant que nation, rejeté le salut messianique proclamé par Jésus, mais beaucoup l'ont reçu. Jésus voit ses disciples prenant la place d'Israël comme véritable peuple de Dieu.[184] [*sic*]

Les assemblées locales sont donc les reflets virtuels de la volonté de Dieu concernant son Eglise (Ep 5.27). Les attentes du divin maître sont telles que l'Eglise soit missionnaire, combattante, triomphante et rayonnante. Elle ne doit pas se sédentariser par le confort du modernisme, mais elle doit vivre et accomplir sa mission sur la terre, car le retour glorieux du Seigneur en dépend (Mt 24.14).

Résultat d'un discipolat efficace

Un discipolat efficace a pour résultat le réveil missionnaire, qui embrase toute l'église locale. C'est sera le temps des décisions où les hommes et les femmes, les jeunes et les vieux, les riches tout comme les pauvres se lèveront pour la mission, avec un tel engouement que l'environnement bougera à la vue de ces chrétiens. William Carey, le célèbre missionnaire en Inde, avait dit que : « "Le monde n'a pas encore vu ce qu'un homme entièrement consacré à Dieu peut accomplir". La consécration dont il parlait comprenait la ténacité d'accomplir tout

---

[183]George Eldon Ladd, *Théologie du Nouveau Testament* (Cléon d'Adran, France : Editions Excelsis, 2008).

[184]Ibid., 121.

ce que Dieu a prévu pour nous »[185]. Un discipolat efficace et authentique doit être fondé sur le strict modèle de Jésus-Christ et doit être soumis à l'autorité des Ecritures et surtout à la puissance du Saint-Esprit. Il conduit à cet effet aux deux éléments essentiels qui sont la mort en soi-même et la reproduction. Ces derniers se trouvent condensés dans la vie et le ministère de Jésus-Christ. Il était mort pour pouvoir reproduire une vie nouvelle en ceux qui croiraient et demeureraient en lui et en sa parole.

Précédemment, nous venons de parler de qualifications du disciple. L'obéissance fait partie principale de cette qualification. Phillips explique dans son ensemble que : « L'obéissance à l'ordre du Seigneur "Suivez-moi" a pour résultat la mort en soi-même. Le christianisme sans la mort à soi-même n'est qu'une philosophie abstraite. C'est le christianisme sans Christ. »[186]

S'agissant de la reproduction, Keith Phillips souhaite qu'il soit convenable que :

> Un disciple mûr doit enseigner à d'autres croyants comment vivre une vie qui plaît à Dieu et doit les équiper pour en former d'autres qui à leur tour enseigneront. Personne n'est une fin en lui-même. Chaque disciple prend part à un processus, participe à la méthode choisie par Dieu pour faire croître Son royaume par la reproduction. Nous le savons par le fait que Christ a formé des disciples et a ordonné à ses disciples de faire de même (Matthieu 28.19).[187] [*sic*]

De la croissance et de la stabilité de l'église locale

La prise de conscience missionnaire est gage exceptionnel pour le progrès de l'église et le respect de la Parole de Dieu. La mission implique la croissance de l'église locale par l'évangélisation et par toute sorte de services chrétiens en son sein. Elle produit une dynamique qui ne laissera pas les disciples oisifs et infructueux, mais qui les poussera dans les implantations des églises. Elles doivent être une priorité pour aujourd'hui.

Kenneth Fleming fait remarquer l'importance de la mission selon l'insistance biblique. A ceci, la mission est une affaire, non pas seulement de la nature de l'Eglise, mais aussi, elle a

[185]Bill Kuert, 48.
[186]Keith Phillips, 18.
[187]Ibid., 21-22.

affaire à tout le contenu de la Bible. Ainsi, il y a l'impérieuse urgence d'obtempérer à la Parole de Dieu que de vouloir donner les explications qui ne tiennent pas debout, pour la seule raison, assouvir l'appétit de ses instincts. C'est ce que Kenneth Fleming explique :

> Mais la Bible insiste : les missions ont pour tâche première de faire des disciples et de les grouper en assemblées. Les avancées technologiques ont tendance à absorber la plus grande partie de notre temps et elles deviennent une fin en elles-mêmes plutôt que des outils pour l'implantation d'églises en bonne santé. Nous ne devons jamais perdre de vue l'importance de l'importance de l'implantation d'églises.[188]

L'Eglise a pour tâches principales de célébrer, d'enseigner, de servir et de faire croître, et de croître. Ces tâches qui sont considérées comme de acquis, sont également les devoirs bibliques lui assignés. Selon le professeur J. Verkuyl, la missiologie est une science de croissance de l'Eglise. C'est bien évident qu'il l'appelle « la missiologie 'auxanique'. Ceci vient du verbe grec signifiant 'augmenter'. 'Faites de toutes les nations des disciples' est une mission qui vise l'expansion. »[189] L'Eglise doit avoir pour objectif principal la mission, voir loin, au-delà de l'église locale. Telle sera sa caractéristique qui soit liée à sa nature et à son existence. Rick Warren monte parle des cinq piliers constitutifs. Elle constitue la force de l'Eglise pour une croissance stable et dynamique. Cette stratégie se résume par la formule de« A.C.T.E.S. »[190] (Ac 2.42, 47)

Rick Warren l'explique de la manière suivante, en considérant les initiales de l'abréviation : adoration, communion fraternelle, témoignage, enseignement, et service. Quand une Eglise vie ces cinq réalités, elle pourra avoir des implications influentes dans le monde. Ces implications, c'est le salut de l'humanité. C'est par la mission que cela est rendu possible, comme le Seigneur dans la maison de Zachée : « Le salut est entré aujourd'hui dans cette maison » (Lc 19.9b). Le Docteur C. I. Scofield commente sur cette influence du salut : « Les mots hébreu et grec pour "salut" comportent l'idée de délivrance, de sécurité, de protection,

---

[188]Kenneth Fleming, *Stratégie Missionnaire* (Lausanne: Editions Centres Bibliques, 2005), 115.

[189]Abram, J. Krol, *Survol de la Croissance de l'Eglise* (Vilvoorde, Belgique : Editions Gideon, 2001), 105.

[190]Rick Warren, *L'Eglise, une passion, une vision* (Zondervan, Grand Rapids, Michigan : Eternity Publishing House, 1999), 157.

de guérison et de santé spirituelles. Le mot *salut* est le grand mot de l'Evangile ; il comprend tous les actes rédempteurs et leur réalisation : justification, rédemption, grâce, propitiation, imputation, pardon, sanctification et glorification. »[191] [*sic*]

Samuel Escobar se rallie à la philosophie de deux précédents concernant la mission. Cette dernière se fait accompagner de l'évangile comme le verbe, des actes de piété et de la vertu. Les actes de piété consistent à adorer Dieu, le louer et s'abandonner à lui par des prières. Tandis que la vertu revient aux œuvres qui soutiennent la foi. Il dit en effet que : « La mission est service accompli au nom de Jésus qui comprend : l'annonce de l'évangile du salut, la communion vécue dans son corps qui est l'Eglise, l'adoration de Dieu et la prière au nom de Jésus, enfin les multiples tâches que les disciples de Jésus remplissent pour venir en aide à autrui. »[192]

L'Eglise doit alors jouer véritablement son rôle missionnaire comme le sel de la terre et la lumière du monde (Mt 5.13-16). Son but est d'atteindre l'excellence de la volonté du Seigneur, celle de gagner le royaume et la justice de Dieu premièrement, comme le Seigneur le recommande dans son discours programme du sermon sur la montagne : « Cherchez premièrement le royaume et la justice de Dieu ; et toutes ces choses vous seront données par-dessus. » (Mt 6.33) Marc considère les miracles comme les accompagnateurs du salut ; « Voici les miracles qui accompagneront ceux qui auront cru » (16.17a).

Ainsi, la formation des disciples est un facteur à pérenniser l'œuvre du Seigneur en vue de son royaume éternel de Dieu. La priorité n'est donc pas accordée aux œuvres premièrement, mais à l'édification de membres du corps de Christ dont il est la tête. Keith Phillips le fait remarquer : « Seuls les gens mal informés ou manquant de maturité se préoccupent tant de bonnes œuvres qu'ils n'ont pas le temps de nourrir leurs enfants spirituels

---

[191]C. I. Scofield, *La Sainte Bible, traduite sur* les *textes originaux hébreu et grec par Louis Segond* (Genève : Société Biblique de Genève, 1996), 1273.

[192]Samuel Escobar, 170.

en vue de la reproduction. Aucun chrétien mûr ne se satisfait d'être spirituellement stérile. »[193]

Implications dans la vie socio-politique : la dichotomie du rayonnement

Former des disciples ne concerne pas seulement les aspects spirituels, mais aussi, cette formation touche tous les domaines de l'être humain : corps, âme et esprit. C'est ce que l'on appelle l'implication holistique. Elle a une forte influence directement sur la nature environnementale de l'homme. Keith Phillips écrit : « Former des disciples, c'est la seule méthode qui puisse produire des chrétiens mûrs capables de mettre un terme à la détérioration physique et spirituelle. »[194] Samuel Escobar donne comme un devoir à l'Eglise la mission universelle : « La mission doit aujourd'hui consister à servir – elle sert spirituellement en proclamant la Parole de Dieu et physiquement, en venant en aide – selon le modèle laissé par Jésus et en son nom. »[195] [*sic*] L'implication d'un discipolat authentique dans le monde, en vue de la transformation quant à la volonté de Dieu, a pour retombée un souffle nouveau que le philosophe congolais Ka Mana traite du vent de la ferveur missionnaire.
En effet, il considère que ce vent n'a pas épargné l'Eglise africaine qu'il le qualifie « de la vision géostratégique de la mission de l'Eglise africaine. »[196] Cette vision a en son sein deux pôles : locale et global. La vision locale est celle qui est tournée vers elle-même, et la vision globale est celle tournée vers l'extérieur.

La mission se révèle par un rayonnement à deux échelles horizontales et verticales. C'est ce que nous qualifions des efforts ou forces dichotomiques du rayonnement. Ces deux forces doivent être agissantes dans l'Eglise quant à sa nature. C'est ce qui devrait être trivial ou naturel dans son accomplissement quant à l'Eglise. Elles doivent être constamment en interaction entre elles, c'est ce qui crée un dynamisme dans l'église locale.

---

[193]Keith Phillips, 84.
[194]Ibid., 15-16.
[195]Samuel Escobar, 170.
[196]Ka Mana, 7.

La première échelle du rayonnement missionnaire est composée des forces centrifuge et centripète. Et la deuxième échelle, qui est verticale, est principalement celle de la puissance d'en haut (Jn 3.27 ; Ac1.8). C'est de cette dichotomie interactionnelle que l'Eglise peut connaître automatiquement une croissance dynamique en son sein.

En effet, les deux échelles du rayonnement relèvent simplement de la nature et de l'existence de l'Eglise. L'échelle horizontale, composée de deux forces pousse l'Eglise à un dynamisme dont les mouvements harmoniques demeurent vivants, ce qui lui procure le pouvoir de la croissance. C'est comme dit Paul : « J'ai planté, Apollos a arrosé, mais Dieu a fait croître, en sorte que ce n'est pas celui qui plante qui est quelque chose, ni celui qui arrose, mais Dieu qui fait croître. » (1 Co 3.6) Et cette croissance peut être additionnelle ou exponentielle, ou les deux à la fois. Le graphique[197] [*sic*], voir Appendices B, tableau comparatif entre la formation des disciples et l'évangélisation, de ces deux grandeurs de croissance exponentielle et additionnelle peut encore mieux nous faire comprendre la réaction et la contre réaction ou la réversibilité des forces qui conduit à une croissance saine de l'église locale et dynamique. Il s'agit d'un tableau comparatif entre la formation des disciples et l'évangélisation.

La force centrifuge provoque un mouvement qui pousse l'église locale d'aller, de sortir de son confort. Elle est une poussée qui va de l'intérieur à l'extérieur de l'église, du sein de l'église locale au monde, selon que le Seigneur a ordonné à ses disciples d'aller dans le monde. C'est l'expression de la mission de l'Eglise ou c'est l'Eglise en mouvement. C'est la mission en marche dans sa nature propre. C'est l'accomplissement de l'ordre « allez ». Cette mission est caractérisée par l'évangélisation qui soit le seul moyen que le Seigneur a donné à son Eglise pour atteindre le monde entier, évidemment accompagnée de la puissance (Mc 16.15-18). Pour Lesslie Newbigin, cité par Harold Lindsell : « La prédication de l'Evangile et

[197]Keith Phillips, 25.

l'action au service des hommes sont des parties également authentiques et indispensables de la responsabilité de l'Eglise. Mais l'un ne peut remplacer l'autre. »[198] Les efforts restent complémentaires.

La force centripète est la réaction normale de la force centrifuge. C'est une force qui va de l'extérieur à l'intérieur. C'est aussi l'accomplissement ou la finalité de l'ordre « faites des nations des disciples » (Mt 28.19). Ces deux forces constituent une interaction réversible, complémentaire et équilibrée. Cette échelle de rayonnement se voit chapeauter par la puissance d'en haut, sans laquelle la première resterait statique. Cette échelle veut que la dépendance du disciple au Maître soit totale et permanente : « Et voici, je suis avec vous tous les jours, jusqu'à la fin du monde. » (Mt 28.20b) Aussi, Jésus répondit à Nicodème : « Un homme ne peut recevoir que ce qui lui a été donné du ciel. » (Jn 3.27) Aux disciples, après sa résurrection, le Seigneur dit : « Vous recevrez une puissance, le Saint-Esprit survenant sur vous, et vous serez mes témoins » (Ac 1.8).

Il y a encore une réaction réversiblement dépendante entre le ciel et la terre, entre les disciples et le Maître, entre l'humanité et le Créateur. Cette dépendance, c'est de rester attacher au cep. C'est ainsi que le Seigneur dit à ses disciples : « Car sans moi vous ne pouvez rien faire. » (Jn 15.5b) La dépendance est telle que le sarment vit si elle attachée au cep. Jésus est le vrai cep et nous ses disciples, nous sommes des sarments (Jn 15.1-5).

Les deux dimensions de rayonnement obligent l'Eglise à une croissance dynamique. Elles se mesurent de façon exponentielle et additionnelle, conjointement sont liées pour une reproduction effective.

Keith Phillips reconnaît que la formation des disciples est une méthode lente, mais elle est productive à long terme. Son fruit est la multiplication qui touche bien plus de monde que la méthode additionnelle. En fait, dit-il : « l'évangéliste touche une personne par jour, et que le

---

[198]Harold Lindsell, *La Mission de l'Église dans le Monde* (Vevey, Suisse : Editions des Groupes Missionnaires, 1968), 227.

formateur de disciples forme une personne par an. »[199] Cependant : « Un seul disciple actif a plus de valeur pour construire l'Eglise qu'une armée de croyants charnels. »[200]

Les mots disciple et chrétien étant indissociables quant à leur racine commune, il est donc vraisemblablement de dire qu'un disciple n'est rien d'autre qu'un chrétien qui a pris conscience de sa destinée, de sa vocation et de sa responsabilité. C'est un chrétien engagé à accomplir la volonté de Dieu. Le mot chrétien est la considération péjorative du disciple de Christ (Ac 11.26).

Murriell McCully revient aux exigences du discipolat christique, selon lesquels tout chrétien doit être conscient du but de son existence sur la terre et dans le monde. Il fait du but de Christ sa raison principale d'existence. Sa joie sera désormais de faire la volonté de Maître.

Pour David Bryant :

> "Un chrétien conscient n'est pas mieux que les autres. Mais par la grâce de Dieu, il a fait une découverte si importante que sa vie ne sera plus jamais la même. Le chrétien conscient est disciple pour qui quotidiennement le but de Christ pour le monde est devenu une priorité intégrée et essentielle. Comme disciple, il cherche d'une manière active la signification de ce qui veut dire la grande mission du Maître. Et puis il agit selon ce qu'il a appris."[201]

Cette implication impacte l'Eglise en double aspect, celui d'apporter un changement à l'ecclésiologie moderne, et de lancer la mission à une barre très haute dont la portée est « Jusqu'aux extrémités de la terre » (Ac 1.8c). C'est ce qui apporte un nouveau paradigme missiologique, à condition de se conformer à la volonté du Seigneur Jésus.

Selon Charles Van Engen : « Cette caractéristique émergente de la mission conduit l'Église à devenir une réalité dynamique, croissante et en plein développement. »[202] Il confirme encore que cette croissance dynamique est d'actualité aujourd'hui, comme il dit : « Les mêmes ordres, expériences, images et espoir qui ont rempli de puissance les disciples au jour de la Pentecôte aiguillonnent encore l'Église pour qu'elle émerge en devenant ce que Christ l'a

---

[199]Keith Phillips, 24-25.

[200]Ibid., 85.

[201]Murriell McCulley, 214.

[202]Charles Van Engen, 29.

faite. Depuis sa naissance, l'Église a été appelée à croître pour parvenir "à l'état de l'homme adulte, à la mesure de la stature parfaite du Christ" (Ephésiens 4.13). »[203] [*sic*]

Charles Van Engen parle des « sept étapes d'émergence au sein des assemblées missionnaires. »[204] Ce sont les sept caractéristiques remarquables d'une Eglise dynamique. En effet, l'évangélisation initiale est la première étape, le rassemblement d'église la deuxième, les programmes de formation au leadership qui choisit, forme et qui envoie parmi la population autochtone constituent la quatrième étape. La cinquième est la structure des organisations régionales de groupes chrétiens, les organisations nationales en relation avec les autres églises nationales. La sixième étape est le développement des ministères spécialisés tant à l'intérieur qu'à l'extérieur de l'église, et enfin la septième est celle d'envoyer des missionnaires autochtones en mission. De ces sept étapes émane, selon Charles Van Engen, une « interaction entre la missiologie et l'ecclésiologie »[205], laquelle qui insinue obligatoirement une dynamique dans la croissance d'une assemblée. Cette dynamique produit une tension dialectique d'une complémentarité si manifeste entre la réalité actuelle et celle de l'avenir de l'église. Elle affiche les aspects de la métamorphose d'une église en croissance dynamique. C'est en effet une église missionnaire, qui devient ce qu'elle est, qui est ce qu'elle devient, ne peut devenir plus que ce qu'elle est, et ne peut être plus que ce qu'elle devient. Le dessein de Dieu pour l'Eglise d'aujourd'hui, dit Melvin Hodges, est « un programme d'implantation d'églises. »[206] Elle vit par la mission, comme la fumée vient par le feu. David J. Bosch considère ce programme d'un motif missionnaire qui paraît théologiquement approprié. C'est celui de la : « *plantatio ecclesiae* (implantation d'Eglise), qui souligne la

---

[203] Ibid.

[204] Ibid., 30.

[205] Ibid., 31.

[206] Melvin Hodges, *L'église locale en mission* (Toulouse, France : Action Missionnaire des Assemblées de Dieu de France), 21. La revue Serviteur de Dieu N° 101, 1er Trimestre 2003.

nécessité de rassembler une communauté de gens engagés, mais qui tend à identifier Eglise et Royaume de Dieu »[207] [*sic*].

Les églises locales instruites ayant le profil des Ecritures particulièrement le profil néotestamentaire sont celles dirigées par des responsables qui ont la vision du monde selon le Seigneur. Ces responsables doivent être les principaux canaux pour l'évangélisation, et par conséquent les outils transformateurs des nations en disciples. Surement, ces genres des leaders ont été eux-mêmes de très bons disciples avant de devenir des maîtres exemplaires.

En réalité, être un bon disciple ou un bon maître relève de son arrière-plan environnementale et scripturaire. Etant actif dans l'œuvre, la mission doit également les apparenter. Ainsi, pour David J. Bosch : « La mission se fonde sur l'Ecriture (en particulier l'impératif missionnaire de Matthieu 28 : 18-20) et sur le monothéiste de la foi chrétienne. »[208]

De son côté, Melvin Hodges lance un défi à l'Eglise d'aujourd'hui, c'est celui « d'être réellement l'Église [*sic*] accomplissant son mandat de porter ce témoignage à chaque créature dans chaque nation sous le ciel. »[209] De quel témoignage s'agit-il ? C'est le nom du Seigneur Jésus-Christ au monde, comme l'affirme Matthieu : « Cette bonne nouvelle du royaume sera prêchée dans le monde entier, pour servir de témoignage à toutes les nations. Alors viendra la fin. » (Mt 24.14)

Pour qu'une église locale soit dynamique, il lui convient tout aussi des principes dynamiques des enseignements de l'éducation chrétienne. En effet, le premier grand principe fondamental est la dépendance de la puissance du Saint-Esprit en toute chose. Charles Van Engen parle de l'émergence de l'Eglise : « L'Eglise devient missionnaire par la présence puissante du Saint-Esprit qui crée, soutient, dirige et propulse. *Émergeante* est un adjectif qui

---

[207]David J. Bosch, 16.
[208]Ibid., 15.
[209]Melvin Hodges, 22.

qualifie la nature missionnaire de l'Église. »[210] [*sic*] Le deuxième principe est celui de notre propre modèle. C'est d'enseigner surtout par nos actes et par notre comportement que par des simples paroles. Le troisième principe repose sur une communication adéquate, selon que Dieu lui-même est le « Maître de la communication et que ses méthodes sont réellement efficaces. »[211] Nous ne sommes pas obligés de singer le monde quant à sa façon de communiquer. Nous pouvons directement apprendre les principes de communication de Dieu, les éprouver, les mesurer et en observer les résultats. Et les principes de Dieu ne sont pas difficiles, ils s'adaptent à toute l'humanité qui se veut volontairement son disciple. Ce principe est celui qui est enseigné dans toutes les Ecritures. L'approche de la communication sur le modèle du Seigneur Jésus-Christ est la plus familière à l'homme : « La méthode de Jésus repose sur une parfaite compréhension de l'être humain tel qu'il a été créé. Sa méthode est efficace parce qu'elle correspond à la nature humaine. »[212] Nous devons donc voir nos défis de communication avec la perspective de Dieu pour être efficace dans la mission. C'est ainsi que l'Eglise de ce siècle présent redeviendra l'Eglise de Jésus-Christ qu'il avait promise de bâtir. Elle doit désormais repenser son dessein comme étant le peuple missionnaire de Dieu au monde. Pour des résultats adéquats, elle se référera d'abord à sa mission intérieure avant de considérer la mission extérieure. C'est ainsi que Schütz s'écria en effet : « "*Intra muros !* Le résultat final dépendra de ce qui se passe chez nous, à l'intérieur de l'Eglise, non pas ailleurs sur les champs missionnaires." »[213] [*sic*]

Le quatrième principe ne pourra être plus dynamique que si nous nous refusons de nous laisser figer sur nos méthodes et didactiques traditionnalistes, qui nous tiennent assujettis au statuquo. Car l'adaptation ne sera que fonction de la réceptivité de notre auditoire, comme dit Michel Le Borgne : « "La meilleure méthode est celle qui donnera les meilleurs

[210]Charles Van Engen, 157.
[211]Landa Cope, 20.
[212]Ibid., 73.
[213]David J. Bosch, 16.

résultats." »[214] [*sic*] Et enfin, le cinquième principe est celui de rechercher l'excellence. Ce principe repose sur la conviction de la foi que chacun a de la part du Seigneur. En ce qui concerne Michel Le Borgne : « C'est aussi la conviction que le Seigneur a mis [*sic*] en chaque individu un potentiel qu'il nous faut exploiter. »[215]

C'est dans l'église locale que la formation de base doit être faite pour des croyants appelés à être disciples, les quels seront des futurs cadres, responsables et dirigeants d'Eglises. Avec Charles Van Engen cependant, « *édifier* est un verbe, et les leaders comme les disciples sont appelés à édifier activement et intentionnellement des églises missionnaires. »[216] [*sic*]

C'est ainsi que pour des familles chrétiennes aujourd'hui, l'éducation chrétienne doit commencer dans des familles pour s'étendre partout dans les domaines de la communauté de foi de la vie de l'homme. La seule référence, c'est Dieu au premier plan, comme le plus grand et parfait pédagogue (Dt 6.4). C'est par sa Parole que nous devons nous imprégner de sa volonté par le moyen du discernement (Rm 12.2). Jésus-Christ est la Parole de Dieu personnifiée, c'est lui la vérité (Ap 19.13 ; Jn 14.6). La Bible est la Parole écrite de Dieu pour notre instruction. Elle est l'expression de l'autorité de Dieu : « La Bible porte avec elle l'autorité divine de Dieu. Elle oblige l'homme : son intelligence, sa conscience et son cœur. Les hommes, les confessions de foi et les Églises sont tous sujets à l'autorité des Écritures. Dieu a parlé ; nous devons donc nous soumettre. "Ainsi parle l'Éternel" est notre norme. »[217] [*sic*]

[214]Michel Le Borgne, 24.
[215]Ibid.
[216]Charles Van Engen, 157.
[217]Henry C. Thiessen, *Guide de doctrine biblique. Fondement d'une vie nouvelle* (Marne-la-Vallée, France : Éditions Farel, 1987), 73.

CHAPITRE V

CONCLUSION

Résumé

Le Seigneur Jésus-Christ, le Chef de l'Eglise et le Maître-Enseignant a promis de bâtir son Eglise (Mt 16.18). Cette Eglise sera sainte, inébranlable et parfaite. Il a également donné l'ordre à ses disciples : « Allez, faites de toutes les nations des disciples, les baptisant au nom du Père, du Fils et du Saint-Esprit. Et enseignez leur tout ce que je vous ai prescrit. Et voici, je suis avec vous tous les jours jusqu'à la fin des temps. » (Mt 28.18-20) suprême en vue d'aller et de faire des disciples. Cet ordre donné a pour but ultime de faire d'une multitude des membres du royaume éternel de Dieu et de son Christ. L'avènement de ce royaume est une urgence à l'égard de laquelle chaque croyant devrait s'investir. L'Eglise demeure la voie pour recruter davantage des membres pour le royaume précité. Et depuis longtemps, on assiste à une guerre de recrutement par le bien et par le mal. La volonté de Dieu est que nul ne se perde et que tous parviennent au salut. Et l'Eglise a la noble mission de dépeupler le camp du diable pour remplir le camp de Dieu. Cette tâche d'évangélisation passe préalablement par la formation des disciples. C'est ce que nous avons appelé le « discipolat ». Un bon discipolat comme une bonne formation assurée à l'endroit des personnes disponibles, demeure un facteur pour la croissance d'une église locale. Cette église sera dynamique selon la place que prend l'éducation chrétienne en son sein. Cependant, cette priorité semble ne pas l'être chez plusieurs dirigeants des églises et de facto de leurs membres. Le présent travail se veut un outil d'éveil de conscience, un vade me cum en vue de préparer des personnes fidèles et capables de transmettre toute la volonté et tous les conseils de Dieu au monde par le Saint-Esprit.

Il est évident que le travail de formation des disciples révèle des défis certains. C'est un travail à élaborer à deux niveaux. Le premier niveau est celui de la personne appelée à former. En effet, tout formateur, mieux tout formateur des formateurs est appelé à faire un travail sur sa personne et à remplir certaines conditions exigées par le Maitre-Enseignant. C'est ici qu'il convient de réaffirmer que le meilleur modèle à suivre dans le domaine de la formation des disciples est Jésus-Christ.

La personne qui est appelée « formateur » est une personne qui devra se prémunir de la pensée du Christ en ce qui concerne le discipolat. Le Seigneur en effet, est très exigent pour ceux qui veulent Le suivre. Ils doivent porter leur croix. C'est ainsi que le formateur devra s'armer de la pensée de soldat de Christ. Cette pensée lui permettra de remplir les exigences du Maitre.

La pensée de William MacDonald à ce propos est telle que : Nous trouvons normal que des soldats donnent leur vie pour des raisons patriotiques. Nous ne trouvons pas étrange que des communistes meurent pour des motifs politiques. Mais que le sang, la sueur et les larmes doivent marquer la vie de l'homme qui fait profession de suivre le Christ, c'est plus que nous ne pouvons admettre. C'est ce qui n'est pas le cas malheureusement.

C'est pourquoi, après avoir défié les églises de notre temps de ce qu'elles ont oublié le mandat du Seigneur, du moins pour la plupart, il nous a semblé bon de réfléchir sur comment repenser les desseins des églises locales sur l'effectivité de la « missio Dei » en ce temps de la fin. La démarche en cette réflexion est d'arriver à satisfaire la volonté du Maître Fondateur de l'Eglise, le seigneur Jésus-Christ. Son étant un ordre suprême, il devrait donc être exécutoire. Cet ordre consiste en une grande commission qui concerne ses disciples, c'est : « Allez, faites de toutes les nations des disciples, les baptisant au nom du Père, du Fils et du Saint-Esprit, et enseignez-leur à observer tout ce que je vous ai prescrit. Et voici, je suis avec vous tous les jours, jusqu'à la fin du monde. » (Mt 28.18-20) L'ordre du Seigneur, quoique proclamé depuis le premier siècle, reste d'actualité et concerne encore les chrétiens d'aujourd'hui.

Le but ultime de cet ordre est la concrétisation de son œuvre futuriste, et la redynamisation des églises locales, œuvre formatrice de son Eglise, soit pour les conduire à une croissance permanente et dynamique, soit pour les maintenir dans une dynamique de croissance sans équivoque, par le moyen d'un discipolat, avec une visée continue de la formation et de la transformation des membres en des disciples de Jésus-Christ.

L'importance du sujet se révèle opportune, si nous suivons scrupuleusement les méthodes et stratégies de l'Eglise néotestamentaire, selon le modèle de Jésus-Christ. Landa Cope reconnait que les méthodes de Jésus étaient si simples qu'il faudrait inconditionnellement les suivre ou même les adopter comme modèle. Jésus a rendu l'évangile si simple que tout le monde est capable de le comprendre. C'est là le défi à relever : faire ce que Jésus a fait. L'œuvre n'étant pas encore achevée, car la promesse de la bâtir était futuriste, il s'avère indispensable de lui apporter la pierre de construction, qui vient compléter ce que les autres ont commencé, partant de Jésus lui-même. Le but d'une église émergeante doit s'inscrire dans le cadre du sermon sur la montagne (Mt 5-7), qui est pratiquement le cahier de charge du Seigneur Jésus-Christ en faveur de l'humanité. C'est ainsi que Charles Van Engen rappelle la conduite des chrétiens : « Le rôle, l'appel, le sacrifice et le style de vie particuliers des disciples sont décrits par le Seigneur. Cependant, Jésus rappelle constamment à ses auditeurs que la vie de disciple sera vécue au sein d'un certain environnement culturel et socio-politique. Pour illustrer cela, Jésus a combiné les idées de "sel" et de "lumière (Matthieu 5.13-16)". »[218] [*sic*]

De la considération des certains auteurs sur la question du discipolat, les statuts des E.D-RD Congo prônent cinq objectifs principaux concernant la nature missionnaire de l'Eglise. Ces objectifs auront pour point fort de perpétuer la mission de Jésus-Christ ordonné à ses disciples, d'évangéliser et d'implanter des églises, de former des disciples et ministres

---

[218]Ibid., 158.

de Dieu, et les envoyer. Elles prendront aussi en considération la charge holistique pour un développement intégral de l'homme. L'exécution de cette dernière considération conduira à la création et à l'amélioration des institutions sociocommunautaires (hôpitaux, écoles, universités, coopératives d'épargne et de crédit).

Tour à tour, les auteurs ont étayé autour de la formation des disciples, chacun selon la conception et le fardeau sur le sujet. La démarche des certains vise la réponse pour relever le défi d'une formation conséquente en se fondant essentiellement sur l'examen des questions du curriculum des disciplines dont on se sert comme contenu de formation, dans un paradigme éducatif d'environnement de la communauté de foi. Il tient aussi compte de la considération holistique intégrée. Celle des autres vise une éducation chrétienne qui conduit à un double objectif, celui de partager de la connaissance et encourager une réponse favorable à l'appel de Dieu, et d'exiger un discipolat continuel et inclusif. Ce qui s'explique par le maintien et l'entretien d'une formation des disciples dans l'église locale par un programme consistant et soutenu fondé sur les Ecritures. Ce programme se référera sur le modèle de Christ dont la didactique n'était autre que celui de s'accrocher à l'Ecriture. Elle compte trois sections fondamentales : bibliques, théologiques, et Jésus lui-même comme le maître-enseignant. Ces sections constituent le poumon de la croissance de l'Eglise. La base biblique de l'éducation chrétienne, qui est la vérité même de Dieu, a le pouvoir de briser, non seulement des liens spirituels du péché et de la mort, mais aussi elle peut délivrer la société de la fatalité et de la pauvreté. Et le modèle du discipolat comme facteur de la croissance d'une église locale dynamique doit son modèle en Jésus-Christ, sa base dans le Nouveau Testament et son dynamisme par la puissance du Saint-Esprit. Le discipolat implique en toute évidence la mission qui a pour caractéristique essentielle l'adoration, l'édification, l'évangélisation, l'implantation des églises et des œuvres sociales. Le disciple est l'acteur principal dans la mission. Il est le reflet de Jésus-Christ, caractérisé par l'obéissance et la soumission, son attachement intentionnel et volontaire au maître, par une vie de prière, de foi, de puissance, de sagesse et de la soif de toujours faire mieux comme le Seigneur Jésus-Christ l'a recommandée.

Recommandations

De ce qui précède, l'une des meilleures recommandations est celle du maître-artisan le Seigneur Jésus-Christ. Quant à la démarche pour le résultat d'un discipolat efficace dans l'église locale, Robert W. Pazmiño a élaboré un chef d'œuvre qui peut être considéré d'un mémorial pour des générations, et une référence incontournable en ce qui concerne la formation des responsables des églises pour constituer une forte et grande armée composée des disciples digne du Seigneur Jésus. Le but, c'est d'accomplir la volonté du Maître, celle de la Grande Commission de Matthieu 28.18-20. Tout disciple est appelé à adhérer inconditionnellement dans cette volonté.

Les Eglises de Dieu au Congo démocratique, comme Eglise nationale, s'inscrit également dans ce modèle de discipolat. Les églises locales au sein des E.D-RD Congo, intentionnellement et volontairement ont choisi la voie du modèle de formation du Seigneur Jésus-Christ, celui de la proximité. C'est pourquoi, elles sont appelées les « Centres Missionnaires "IL EST ECRIT" ».

Au Centre Missionnaire « IL EST ECRIT », notre église locale, il est recommandé la procédure suivante : tous les premiers dimanches du mois, nos cultes seront réduits de 2 h 30 traditionnelles à 1 h 30. Conséquemment, l'heure restante sera consacrée à l'évangélisation porte à porte et aux contacts amicaux avec ceux de l'extérieur, en particulier ceux qu'on ne connait pas pour leur témoigner l'amour de Dieu en Jésus-Christ. Les sujets seront annoncés d'avance afin que les chrétiens puissent se préparer spirituellement. Par ailleurs, tous les membres sélectionnés de l'église, appelés les « ouvriers » seront soumis une formation continue sur l'évangélisation pratique, par des séminaires bibliques, afin de les rendre des chrétiens contagieux.

Par cette stratégie, comme l'église existe aussi sur la terre pour croître et pour se multiplier, la force proviendra de la mobilisation de tous les membres à devenir des témoins, associant les cinq dons ministères. Il serait donc important de repenser le dessein de l'église locale en ce qui concerne la missio Dei.

L'Eglise doit à cet effet vivre sa triple vocation qui est l'adoration, l'édification et l'évangélisation. Le témoignage et le service chrétien seront un complément pour l'accomplissement de la grande commission de Matthieu 28.19-20. Cependant, il serait gré de revenir au programme de la formation pragmatique de proximité, comme le Maître lui-même l'avait fait. C'est par l'évangélisation et la prédication de la bonne nouvelle qu'il convient de rassembler les croyants en vue de la formation. La démarche à suivre pour cette formation ira du converti (mort à soi-même) au disciple apprenti, qui sera équipé pour vivre comme Christ. Il deviendra un disciple actif dans son association à la vie pratique du ministère de son maître, par l'évangélisation, l'encadrement des nouveaux convertis et du vécu quotidien. Par la suite de son stage, il deviendra lui aussi un formateur des disciples et la finalité, c'est d'être le responsable de l'équipe de formation des disciples.

Les critères pour retenir un candidat comme disciple dépendront intentionnellement du choix de chaque disciple aspirant, de sa disponibilité de devenir disciple et du choix volontaire de son appartenance à son maître et à son école de formation. Cette école de formation est loin d'être classique, mais celle qui soit attachée au dessein du formateur imitateur de Christ. Et le disciple, par la suite, pourra parfaire sa formation par des institutions de formation biblique ou théologique classique.

Avec toute évidence, le formateur doit avoir été lui-même disciple avant de devenir maître. Il doit toutes ses capacités charismatiques dans sa dépendance au Seigneur Jésus-Christ qui s'est déclaré : « Car sans moi vous ne pouvez rien faire. » (Jn 15.5b)
Ce formateur tout comme son disciple, les deux doivent constamment demeurer en Jésus-Christ, demeurer dans sa Parole et sous la dépendance du Saint-Esprit.
La durée de la formation peut être d'un à six semestres d'encadrement. Tout dépendra des vecteurs de formation horizontale et verticale. La formation efficace consistera en un disciple au minimum et à la fois en chaque durée, sans oublier les injonctions du guide-formateur, le Saint-Esprit.

Après la formation, c'est la mise en pratique : « Allez ». Par l'ordre de Christ : « Suis-moi », le candidat disciple le suit par la foi et dans l'obéissance. Sa réponse à l'appel du Maître, c'est de se laisser former, c'est-à-dire accepter de mourir en soi-même, en vue de la reproduction de qualité. Car « Si le grain de blé qui est tombé en terre ne meurt, il ne porte beaucoup de fruit. » (Jn 12.24b) Cette formation inclusive concerne tous les âges et toutes les catégories socio-culturelles dans le Centre. Nous tenons surtout compte des ouvriers de la onzième heure, comme un commando d'avant plan pour la fenêtre 10-40, considérée comme zone rouge.

La quintessence du discipolat dont l'Eglise en a besoin pour son épanouissement est un discipolat fondé sur la puissance et la présence permanente du Saint-Esprit. Ce discipolat doit sa base sur le modèle du maître-artisan, le Seigneur Jésus-Christ. Il a pour référence de l'éducation chrétienne celle qui puise ses racines sur tout l'ensemble des Ecritures. Les leaders des églises doivent veiller sur la délicatesse de la formation. C'est ainsi que les églises locales seront dynamiques et continueront à refléter le modèle du Seigneur Jésus-Christ, une Eglise influente dans un christianisme dynamique.

SOURCES CONSULTEES

Adadé, Ayi. Notes du cours. THM 501 Master 2013. *Au-delà de l'église locale.* Lomé, Togo: FATAD, 2013.

Adeyemo, Tokunboh, éd. *Commentaire Biblique Contemporain.* Marne la Vallée, France : Editions Farel, 2008.

Auger, Jean-Philippe. *Formation de disciples dans un contexte de nouvelle évangélisation : élaboration d'un modèle d'intervention en coaching d'apprentissage.* Québec, Canada : Université Laval, 2015.

Arnold, Daniel. *L'évangile de Marc. Puissance et souffrance de Jésus-Christ.* Saint-Légier, Suisse : Editions Emmaüs, 2007.

Bailly, Anatole. *Le Grand Dictionnaire Grec Français.* Paris, France : Editions Hachette, 2000.

Barber, Cyril J. *Néhémie ou l'art de diriger.* Miami, Florida: Editions Vida, 1989.

Baur, John. *2000 ans de Christianisme en Afrique. Une histoire de l'Église africaine.* Kinshasa: Editions Saint Paul, 2001.

Bosch, David J. *Dynamique de la mission chrétienne. Histoire et avenir des modèles missionnaires.* Lomé, Togo: Editions Haho, 1995.

Burnett, David. *God's Mission: Healing the Nations.* Bromley, Kent: MARC Europe, 1986.

Carrez, Maurice. *Nouveau Testament Interlinéaire Grec/Français.* France : Société biblique française, 1993.

Colquhoun, Franck. *Christian Foundations. Volume two. The priority of preaching.* Philadelphia, Pennsylvania, USA: The Westminster Press, 1965.

Conzelmann, Hans et Andreas Lindemann. *Guide pour l'étude du Nouveau Testament.* Genève : Editions Labor et Fides, 1999.

Cope, Landa. *Communiquer comme Christ. Comprendre le style de Jésus et s'en inspirer.* Yverdon-les-Bains, Suisse : Editions Jeunesse en Mission, 2006.

Corbin, Don. *Modèles de la communication interculturelle.* Lomé, Togo : Faculté de Théologie des Assemblées de Dieu (LA FATAD), 2013.

Dyrness, William. *Théologie de l'Ancien Testament. Une approche thématique.* Longueuil, Québec, Canada : Editions Ministères Multilingues, 2001.

Eléments de la stratégie missionnaire de Paul, http://matthieu2414.free.fr/index.php?option=com_content&view=article&id=123:stratégie-de-paulcatid=8&Itemid=64 (consulté le 12 janvier, 2017).

Escobar, Samuel. *La mission à l'heure de la mondialisation du christianisme*. Marne-La-Vallée, France : Editions Farel, 2006.

Engen, Van Charles. *Le peuple missionnaire de Dieu. Repenser le dessein de l'église locale.* Grand Rapids, Michigan, USA: Baker Books House, 1991.

Facebook lite : andreyango2012 dans « le pasteur enseigne », en lien avec Michelle Gérard, en dates de 03 Mars, 08 Avril, 15 Avril et 26 Juin 2017.

Fleming, Kenneth. *Stratégie Missionnaire*. Lausanne: Editions Centres Bibliques, 2005.

Guinchard, Serge. dir. *Lexique des termes juridiques. 20ᵉ édition 2013.* Paris, France : Editions Dalloz, 2013.

Jérémy Frachebond, Discipulat-1-Introduction-et-premier-obstacle.pdf (2013.03.03), I-5. http://www.theses.ulaval.ca/2015/31490/31490.pdf (consulté le 11.08.2017).

fr.wikipédia.org/wiki/Missio (christianisme), (consulté le 15 juin 2013).

Hébert, Daniel. *Définition et nécessité d'être un disciple. Matthieu 28/19.* http://www.pasteurdaniel.com/index.php/fr/pasteur-daniel-hebert/179-disciple/3359-01-definition-et-necessite-detre-un-disciple-matthieu-2819, affichage 8371 (consulté le 13 mars 2017), publié le 3 mars 2011.

Hodges, Melvin L. *Bâtir mon Eglise.* Andrimont, Belgique: Publication « Emmanuel », sd.

Hodges, Melvin. *L'église locale en mission.* Toulouse, France : Action Missionnaire des Assemblées de Dieu de France. La revue Serviteur de Dieu N° 101, 1er Trimestre 2003.

Holladay, Tom et Kay Warren. *Fondements. Une ressource pour la formation de disciples.* Penthaz : Motivée par l'essentiel, 2008.

Krol, Abram J. *Survol de la Croissance de l'Eglise*. Vilvoorde, Belgique : Editions Gideon, 2001.

Kuert, Bill. *La mission pédagogique de l'église.* Irving, Texas, USA: ICI University Press, 1998.

Krol, Abram Jan. *Survol de la croissance de l'Eglise. Un manuel pratique.* Hoornaar, Pays Bas : Editions Gideon, 2001.

La Bible traduction œcuménique, édition intégrale. Paris : Les Editions du Cerf, 1988.

Ladd, Eldon George. *Théologie du Nouveau Testament*. Cléon d'Adran, France : Editions Excelsis, 2008.

Le Borgne, Michel. *Le défi de la formation*. Eysines, France : Association "En Mission avec Eux" des Assemblées de Dieu de France. La revue "Serviteur de Dieu", N° 122 – 2è trimestre 2008 – 31è année.

Lindsell, Harold. *La Mission de l'Église dans le Monde.* Vevey, Suisse : Editions des Groupes Missionnaires, 1968.

Lewis, Jonathan, éd. *La mission mondiale. Une analyse de l'œuvre missionnaire dans le monde. Fondement biblique et historique. Tome 1.* Côte d'Ivoire, Abidjan : Centre de Publications Evangéliques, 2000.

Longman, Tremper et Roger B. Dillard. *Introduction à l'Ancien Testament.* Charols, France : Editions Excelsis, 2008.

MacDonald, William et Arthur Farstad. *Le commentaire biblique du disciple. Nouveau Testament.* Seone : Editions La joie de l'Eternel, 2003.

MacDonald, William. *Le vrai disciple.* http://www.clv.de (consulté le 1er Septembre 2017). Bielefeld : Editeurs de Littérature biblique, 2011.

Mana, Ka. *La mission de l'Eglise africaine. Pour une nouvelle éthique mondiale et une civilisation de l'espérance.* Bafoussan, Cameroun : Editions CIPCRE, 2005.

McCulley, Murriell. éd. *Manuel de l'Institut de la Onzième Heure.* Springfield, Etats-Unis : Editions Service Africain de Formation Théologique, 2001.

Miller, Darrow L. et Stan Guthrie. *Faites des nations mes disciples. Clé pour une réforme de nos sociétés.* Yverdon : Editions Jeunesse en Mission, 2008.

Oak, John H. http://www.theses.ulaval.ca/2015/31490/31490.pdf(consulté le 11.08.2017).

Ortiz, Carlos Juan. *Mosaïque. Une collection d'enseignements : La formation des disciples.* Bevaix, Suisse : Edition du Lien de Prière, 2004.

Pope, John A. Jr. ed. *Who's who in the Bible* (Pleasantville, New York, Montreal: The Reader's Digest, 1994.

Pache, René, éd. resp. *Nouveau Dictionnaire Biblique révisé.* Saint-Légier, Suisse : Editions Emmaüs, 2002.

Pazmiño, Robert W. *Question fondamentale en matière de l'éducation chrétienne. Une introduction de perspective évangélique.* Lomé, Togo : Faculté de Théologie des Assemblées de Dieu, 2011.

Phillips, Keith. *Formez des disciples.* Miami, Florida : Editions Vida, 1989.

R., H. *Méditations sur le Livre de Néhémie.* Vevey, Suisse : Editions Bibles et Traités Chrétiens, 1981.

Scofield, C. I. *La Sainte Bible, traduite sur les textes originaux hébreu et grec par Louis Segond.* Genève : Société Biblique de Genève, 1996.

Statuts et règlements d'ordre intérieur des E.D-RD Congo. Mbandaka, RD Congo: Edition privée, 2014.

Thiessen, Henry C. *Guide de doctrine biblique. Fondement d'une vie nouvelle.* Marne-la-Vallée, France : Éditions Farel, 1987.

Réseaux sociaux, WatsApp, andreyango9@gmail.com, consulté le 29 septembre 2017.

Rushdoony, Rousas John. *The Institutes of Biblical Law.* USA: The Craig Press, 1973.

Steyne, Philip M. *In Step with the God of Nations: A Biblical Theology of Missions.* Houston: Touch Publications, 1992.

Walvoord, John F. et Roy B. Zuck. *Commentaire Biblique du chercheur. Une exégèse Approfondie des Ecritures proposée par des professeurs du Séminaire de Dallas. Nouveau Testament.* Lennoxville, Québec : Editions Béthel, 1997.

Warren, Rick. *L'Eglise, une passion, une vision.* Zondervan, Grand Rapids, Michigan: EPH, 1999.

———. *Une vie motivée par l'essentiel. Pourquoi suis-je sur terre ?* Lake Forest, U.S.A : Purpose Driven Ministries, 2006.

———. *Une Église motivée par l'essentiel. La croissance sans compromettre le message et la mission.* Penthaz : Motivé par l'essentiel, 2010.

Warren, Shine. "Ressources Pastorales. Le discipolat: le mandat oublié." Le journal pratique des pasteurs et leaders, no. 09. *Le rôle de la direction spirituelle dans le discipolat.* Springfield, USA : Edition Life Publishers International, 2016.

Willerval, Bernard, Yves Boisseau et Henri Serres-Cousiné, éd. *Petit Dictionnaire en Couleurs.* Paris, France : Editions Larousse, 1988.

York, V. John. *La Mission à l'ère de l'Esprit.* Springfield, Missouri: Africa's Hope Publications, 2008.

APPENDICES A

Questionnaire de l'enquête sur le discipolat

Nom de la personne interviewée : ....

Qualité : Ministre de Dieu, Fidèle, Ancien, Diacre, Membre de l'église (cocher s'il vous plaît) : ....

Nom de l'église ou ministère : ....

1. Avez-vous une idée sur la formation dans l'église ?
2. Une formation est-elle nécessaire dans l'église ? Si oui, pourquoi ? Et si c'est non, pourquoi ?
3. La formation des disciples dans une église locale est-elle nécessaire ? Si non, que proposez-vous conversant ?
4. Y a-t-il une relation entre la formation des disciples et le discipolat ?
5. Qu'entendez-vous par discipolat ?
6. Dans votre église locale, êtes-vous membre, chrétien, laïc ou disciple ? Et comment le devient-on ?
7. Y a-t-il une différence entre ces mots ?
8. Pourriez-vous décrire votre expérience personnelle de votre formation en tant que disciple ?
9. Quel peut être le profil d'un disciple ?
10. Qui peut former un disciple ? que pensez-vous de son profil ?
11. Où et comment peut-on former un disciple ?
12. Quand peut-on former un disciple ?
13. Pendant combien de temps peut-on former un disciple ?
14. Est-ce que tous les disciples peuvent être formés de la même manière ?
15. Quelles étapes peut-on observer dans la formation des disciples ?

16. Quelles catégories peut-on donner aux disciples ?
17. Quel est le contenu des enseignements sur le discipolat ?
18. Qu'entend-on par la formation classique et discipolat ?
19. Quelle différence entre formation d'un disciple et les études bibliques ?
20. Pourquoi former les disciples ?
21. Quelle est l'influence du discipolat sur la croissance de l'église ?
22. La croissance d'une église locale dynamique est-elle possible ? Si oui, comment cela peut-elle se réaliser.

APPENDICES B

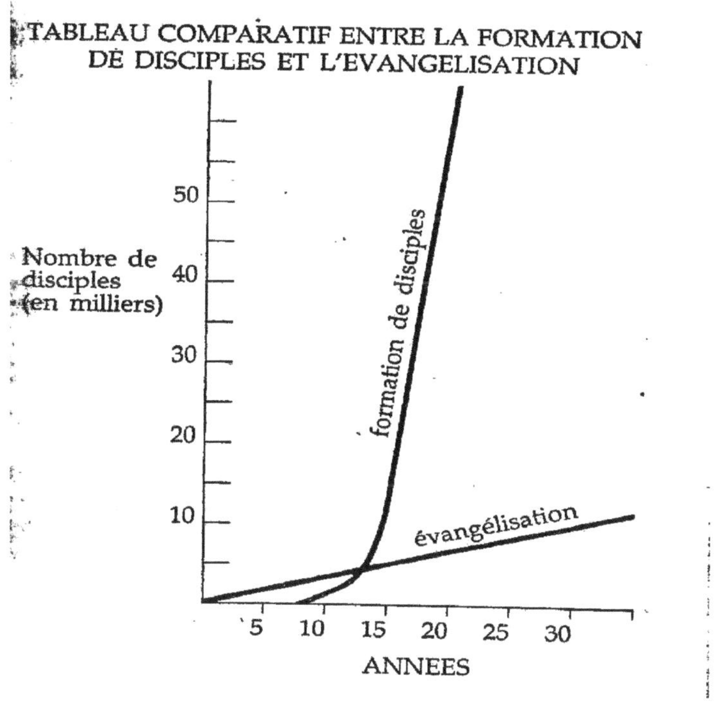

Ce diagramme (Keith Phillips, 25) représente, comme l'indique le titre, un tableau comparatif entre les effets de la formation des disciples et le ministère de l'évangélisation. La formation des disciples amène l'église à une croissance exponentielle. Au départ, la croissance est lente. Elle peut prendre des années, mais sa croissance est explosive et stable. Tandis que le ministère de l'évangélisation commence avec explosion, mais la croissance est une ligne constante dans le temps.

Printed by Books on Demand GmbH, Norderstedt / Germany